谨以此书献给我的父母

权衡的艺术

李 娟／著

运营管理中的供需匹配策略

Matching Supply with Demand
in Operations Management

THE ART OF BALANCING

社会科学文献出版社
SOCIAL SCIENCES ACADEMIC PRESS (CHINA)

他序（一）

运营管理也艺术

认识李娟很长时间了，一直非常欣赏她对学术的执着追求和努力。2019 年春节前，她将新作的书稿发给我并邀请我作序。利用寒假，我很认真地学习了这部新书《权衡的艺术——运营管理中的供需匹配策略》。尽管我已是运营管理领域的老兵，但读完这本书还是有一种耳目一新的感觉。原因有二，其一，题目新。运营管理与所有的管理一样都是在做决策，做决策就是要权衡各个方面，同时运营管理又是所有商务管理中"最科学"的部分，因此，人们通常更多地关注其"科学"的方面，即建模和最优，而将"艺术"的部分作为隐性知识隐秘于其后。本书则旗帜鲜明地将其突出出来，明确运营管理的基本追求。其二，形式新。回归了运营管理的"初心"，围绕"艺术"展开运营管理的叙述，正文几乎没有公式和符号，而是通过一个个故事将运营管理的主要内容串起来，更像一部运营管理的散文集。

当然，本书还不只是新，读完全书你会比较系统地体会到作者本身在权衡方面的艺术。这反映在作者对内容的选取上。运营管理作为商务管理的三大职能之一，涉及的内容非常多，也很杂。如何在繁杂的内容中进行选取，使得全书既具有较好的逻辑性、系统性，又反映运营管理学科的重点，同时体现运营管理的新发展，应该说本书做得很好。从讲效用，到谈公平，从传统的备货问题，到当下共享单车现象，从经典的古诺模型和报童模型，到新发展的鲁棒优化和Lasso回归，既照顾科学的严谨，又注意人的行为特点，既关心交易双方的收益，也关注参与者对社会的责任，作者将权衡阐释得淋漓尽致。

再看本书的叙述形式，也很有特色。在书中，作者采用了大量现实中的故事，特别是自己和身边的人遇到的一些事例，拉近了运营管理与读者的距离。作者还注意引入许多热点问题，激发读者的阅读热情和探究兴趣。尤其是，作者安排了大量的讨论，通过大量的对话、议论，引发读者的思考。提出一些"一家之言"，如"依笔者的理解""依笔者体会""笔者推测"，读者可能不同意作者的观点和解读，也可能认为其观点不完全准确，很想跟作者进行交流甚至争论。作者也常常谦虚地表示，"只是笔者不知""笔者也不知""笔者也不甚清楚"，读者既感觉失望又充满期待。作者还留下诸如"这些问题如何解决都是未知的""让我们拭目以待""有待讨论"的期待，这将进一步激发读者的好奇心和探究冲动。如果你有这样的感觉，我想作者的目的就达到了。

阅读这本书你还会感受到作者的细心和用心。这体现在作者对大量素材的积累中，也体现在作者与同行学者平时的交流中。作者利用大量发生在读者身边的故事，揭去罩在运营管理上的"科学外衣"，使其自然地走进读者的日常生活；恰当地引入现实中的热点问题，为读者展示运营管理理论方法的作用和价值；通过大量的对话和与同行学者的交谈，将"高深"的概念、理论和方法用通俗的文字娓娓道来，进一步增添了作品的趣味性。书中大量的脚注则在一定程度上保证了运营管理学科应有的严谨性。总之，作为读者，我从书中字里行间读出了作者的良苦用心。

希望读者能够从这本书开始了解运营管理，感受它的存在和价值。如果它能够激发你研究运营管理的念头，那么请加入其中，你一定会发现里面的世界很精彩！

陈剑

清华大学

2019 年 2 月 22 日于蓝旗营

他序（二）

伪　序

我擅长的研究领域是行为决策，我是个对运营管理一窍不通的门外汉。

李娟博士邀我给她的新书《权衡的艺术》写序，令我为难，却又很难拒绝，因为我正在指导一位运营管理研究方向的博士后，不装成行家写点什么，岂不是明摆着没了带这位博士后的资格？

我第一次对运营管理有些想法是在 2009 年，那年 8 月，我受邀参加国家自然科学基金委员会第 42 期双清论坛，论坛在中国科技大学召开，主题为"行为运作管理"。

我那时想，行为决策即是行为决策，运作管理便是运作管理，为何国家自然科学基金委员会突然地交叉出一个"行为运作管理"？

我的理解是，基于规范化模型和理论的运营管理研究面临巨大挑战：优美的数学公式无法描述、预测实际运作系统中人的行为。将"运作管理"之前冠以"行为"，是想假行为科学的"效用"（Utility）之手，构建更贴近现实情境的"行为运作管理"理论体系。这种思路近似于风险决策理论走过的发展历程。

人们对风险决策理论的系统探究始于数学家 Blaise Pascal 和 Pierre de Fermat 于 1670 年对是否信上帝的"帕斯卡赌注"问题的研究。二人首次将"不确定性决策"系统公式化地上升为理论——期望价值理论（Expected Value，EV）：$EV = \sum_{i=1}^{n} p_i x_i$。但是，迫于期望价值理论测不准人们的行为，后人陆续将该理论的客观事件 x_i 修正成主观效用 $u(x_i)$，将客观概率 p_i 修正成主观概率或权重 $w(p_i)$。期望价值理论也随之演变为期望效用理论（Expected Utility，EU）（Bernoulli，1738）[1]、主观期望效用理论（Subjective Expected Utility，SEU）（Savage，1954；Edwards，1954，1955），直至预期理论（Prospect Theory，PT）（Kahneman & Tversky，1979），或者主客观转换更复杂的累积预期理论（Cumulative Prospect Theory，CPT）（Tversky & Kahneman，1992）：$WU = \sum_{i=1}^{n} w(p_i) u(x_i)$。

风险决策理论的数百年演变过程活脱脱就是一段不断将"风动"或"幡动"（客观事实）修正到"心动"（主观感受）的发展过程。

禅宗六祖慧能至法性寺，值印宗法师讲《涅槃经》，时有风吹幡动，一僧曰风动，一僧曰幡动，议论不已。慧能进曰："不是风动，不是幡动，仁者心动。"此即为经典的"风幡论辩"。慧能大师感受自己内心的真实，言中了千年之后风险决策理论的发展走向。

然而，用"心动"替代"风动"，或用"心动"替代"幡动"的前提是：人们确实想也有认知能力最大化某种期望值（expectation-maximization）。如果，人们根本不是利用最大化某种期望值的策略做决策，那么几百年的"折腾"（"z-turn"）便是一个天大的笑话。有意义的心理物理法则就充当了无谓的"续命"药丸，参与其中的心理学家本身也就成了"药渣"。

1　Bernoulli 在 1738 年著书 *Specimen theoriae novae de mensura sortis*（英文：*Exposition of a New Theory on the Measurement of Risk*），此书主要内容于 1954 年重新发表在期刊 *Econometrica* 上，详见 Bernoulli（1954）。

这是因为，在修正到极致的累积预期理论中，事先假定，凡是被人们选中的，都应该是"期望最大化"的选项；然后，依据期望法则，演绎出新的主观价值函数（如在受益和受损区域，分别为凹型和凸型的 S 状价值函数 v），与主观的概率权重函数（如 π 函数，或 $w(p) = p^r / [p^r + (1-p^r)]^{1/r}$）。借助演绎出的新主观价值和概率函数，我们试图让人信服修正后的"期望最大化"选择模型，能测得准人们的行为；然而，这种做法本身并不能证明"期望最大化"的假设是正确的。这样做，犹如能寻觅到知觉的证据，来证明一条古老假设（地球是扁平的）。虽然，我们可以不断地找出比传统的对数函数更适合个体的心理物理函数，说该函数可使人们将地平线在主观上知觉得更加"扁平"，但是，找到这样的心理物理函数，并不构成对"地球是扁平的"假设的证明。

李娟博士的新书《权衡的艺术》即是尝试在"行为决策"与"运作管理"之间，找出"第三条道路"。

她用发自内心的真实感受，去观察和思考运作管理，七年磨一剑，方成此书。读了李娟博士的新书，有几点感受。

其一，感叹她的用心。用心的女人是会拥有读者的。当你用指尖划过无知觉的书页，虽然见不到作者的面孔，但你会感到你不是单方在听她说话，她是会停下来倾听你说话的人。掩卷时，你会感到她让你看的，其实是读者与她商量好的订制。2018 年 4 月中旬，我受其邀请到南京大学讲座。傍晚，到文化底蕴深厚的百年老校南京师范大学随园校区散步，聊到南京师范大学的前身之一，是民国时期 13 所教会大学之一的金陵女子文理学院时，我提到了同时期的教会学校华南女子文理学院的校训是"受当施"。在新书中，她使用这短短的三个字形容她的累年研究体验，从这件小事足见李娟博士的用心。

其二，感叹她的女性语言驾驭能力。书中用简洁的语言解释了运作管理抽象的概念和冷冰冰的公式，故事叙述娓娓道来，这让我这个对运作管理一窍不通的门外汉读起来也感到轻松有趣，不知不觉地读懂了她的观点。我相信，读者也会和我一样，很容易读懂她的书。从这也可以看出她一以贯之的"实践为体，研究为用"的学术抱负。

其三，感叹她的代人行万里路。书中不仅旁征博引，而且引用了大量的企业实践案例。案例类型丰富、内容涉猎广泛，中外兼有，而且大多为其本人所闻所见、所思而得，这些都得益于她扎实的学术训练和闻多识广。我相信，读者通过阅读此书，不仅可以对运作管理有感性的认识，还可以收获很多心理学或其他方面的知识。

以上文字，纯属替人作"伪序"。读后感部分读者可以当真，前半部分一定不要当真。

李纾

中国科学院，中国科学院大学

2018 年 11 月 28 日于北京懿品阁

自 序

一位运营管理学者的独白

我的学术领域是企业管理中的运营管理，当我的家人和朋友追问时，我一开口就是各种术语，令他们一头雾水。这样的对话窘况，非我所欲，然而现实却如此。

运营管理为何物？

孤立地看，运营管理帮助决策者在制造产品和提供服务的过程中，最小化创造边际效益的边际成本，或最大化边际成本创造的边际效益，证券管理帮助决策者在股市上募集资金，会计管理帮助决策者跟踪资金流向，市场营销帮助决策者明白钱应该花在哪里，人力资源管理帮助决策者找到才德兼备之人各司其职。

综合地看，运营管理与证券管理、会计管理交叉，产生供应链金融等研究领域；与市场营销交叉，产生运营与营销研究领域；与人力资源管理交叉，产生行为运营管理研究领域。

运营管理也被称为一门应用经济学——微观经济学在运营管理领域的应用，此说法反映出运营管理领域的主要研究方法之一是微观经济学。本书所涉及的"边际分析"思想即是微观经济学中的一个理念；但运营管理不完全是微观经济学在运营管理领域中的应用，运营管理研究更多的是考虑外生的消费者效用不确定性、市场需求不确定性、生产与服务技术变革等，内生的企业库存、定价决策等对企业运营绩效的影响；相对于微观经济学领域的"宏观"研究，运营管理领域的研究显得较"微观"。

运营管理的本质是供应和需求动态平衡的权衡决策。在体会周边的一事一物时，我情不自禁地要从运营管理视角思考其中的权衡。如果未来隐含于当下的一事一物中，那么我对其中权衡的认知，应该和读者一样。然而，我并不总能得出和读者一样的论断。为何？这种差异不是因为我们所了解的基本事实有所不同，而是我们看待这些事实的视角不同，这既是个人生活的艺术，也是企业运营的法则。

权衡的艺术为何物？

生活和其他学科中处处皆是权衡的艺术。我曾认为，艺术家的创作过程是抒发一种情感，不涉及权衡。然而在一个阴天的早晨，听到李宗盛作词的《阴天》一曲，我发现歌词中皆是权衡的艺术，比如，妙不可言和那一点点倦、感性和理性、序曲和完结篇等。

关于权衡的思考从来都是超越学科、文化和历史的。我写的"权衡的艺术"，不是自己独有、独创的，而是来自我所处研究领域、生活空间内的所有学人和从业者的智慧结晶；我断不能将这些结晶归为己有，说成是自己的研究特色；我只是将我的受想行识，尽量用质朴、客观且准确的语言，传递给对运营管理的权衡艺术感兴趣的读者。这样的过程让我感到无限的快乐，因为"施比受更有福"[1]。

在打造运营管理的权衡艺术的过程中，我无法把自己想的东西都

---

1 笔者曾邀请李纾教授访问南京大学，他在游历南京师范大学随园校区时，有感而发。《圣经》有"受当施"，他有《决策心理：齐当别之道》。其中，"受当施"（Saved for Service）是福建华南女子文理学院校训。"受当施"源自《圣经·使徒行传》20：35："我凡事给你们作榜样，叫你们知道应当这样劳苦，扶助软弱的人，又当记念主耶稣的话：'施比受更有福'。"

说出来，又无法把自己说的东西都写出来，因为权衡艺术所蕴含的隐性知识包含了经验技巧、人生体悟，是要靠实践摸索和体验来获得的，可意会而不可言传。凡我能说的，则尽量说清楚；凡我不能说清楚的，只能留给沉默。

研究假设为何物？

我自知给大众介绍运营管理研究的困难，因为一些文章的结论过于抽象，即便是同道中人，也难以理解；退一步，运营管理中的决策权衡，多是需要给定一些假设，特别是基于数理模型方面的假设，若抛开这些假设，一些研究结论可能不复存在，如何让万丈红尘中的众生觉得这些研究也有价值？退一步，研究需要假设，然而，对假设的不同角度的理解却不都是正确的，那么基于假设的研究结论意义又何在？

其一，在一些领先型企业开辟出一个创新的商业模式之后，学人将其中的运营理念总结出来，并提出一套理论框架，供其他企业借鉴。譬如，学人关于企业创新者行为的系列讨论[1]，是基于一些领先型企业的商业实践，这些讨论对于领先型企业而言，可能意义不大，但是对于亦步亦趋的跟随者而言，却有借鉴意义。

其二，学者总结的理论框架，是在实践问题"小荷"才露尖尖角时，透过现象看本质，透过现在看未来；退一步，即便有时是对的，有时是错的，这也可被接受，因为只有能被证伪的理论才是真正的理论（波普尔，2008）。

我常困惑于理论研究与实践的差异，不知所措地兀立在学术论文的森林中；但我也并不是想写"现蒸热卖"的运营管理理念，告诉读者面临不确定性情景时要怎么做。我希望用一套逻辑自恰的思考理念，

1　系列讨论可参阅克里斯坦森（2014a，2014b 和 2014c）。

向读者呈现在不确定性情景中我是如何思考与决策的。当我不得不用理论预测实践活动时，理论与实践之间这种不可避免的差异就会暴露无遗；或许科学进化的过程就在于，人们如何识别理论与现实的差异，进一步修正理论甚至发展新的理论。

我的认知。

此书的写作过程赋予我一个纲举目张的机会，让我"种上一棵树"，看那树木的枝丫，了解哪里茂盛、哪里还有空缺、哪个枝丫和另外一个枝丫可"嫁接"，这个过程令我有如下认知。

一是，全面系统地介绍运营管理中的各种权衡，探究其中的机理及可能的管理启示，已然超出了我现有的能力范围。比如，本书未能包括排队论[1]、项目管理、供应链成员的研发决策等议题。希望全面了解运营管理中的"权衡"的读者，可参阅相关书籍、期刊上的论文。

二是，企业运营权衡的本质究竟为何？我所写的可能只是能"治愈肌肤腠理之疾的药石"而已，伏于表面下的根本问题并没有触及。从中也可以看出运营管理中对于同一个问题可有很多不同的研究方向，同一个问题有多种解释途径，仁者见仁、智者见智。不过，我倒可利用写作的这么一点权力，表述出自己的看法。

三是，"君子之道，费而隐"。一个问题如果是业界给的，通常是简约明了的；而如果是人造的问题，多数是繁琐复杂的。

从学术研究角度关注权衡的艺术，会带来理念的进步，但若与那

1　排队论研究系统随机聚散现象和随机服务系统工作过程。随机现象在现实中普遍存在，陈蓉教授在读小学时，作为路队长，和同学一起排队回家，行进中，她要不断整理越来越长的队列，她不知队列为何会越来越长，这一疑问到她读博士时方能解释。关于此问题的研究可参阅 Robinson 和 Chen（2003）。关于排队中的行为的研究综述可参阅 Hassin（2003）。

些率先发现并行动的企业家的创新行为相比，学术研究可能有些暗淡无光 [1]；而学人透过现象看本质的思想与能力，又是企业家所不及的。

我所做的只是让想要得到肯定答案的读者明白，如果现实结果和读者希望的不一样，这并不奇怪，因为学者所研究的问题来自某一类企业运营活动，而企业运营的实践花样百出，超出了研究假设所能涵盖的范畴。

李文锋

2018 年 7 月 9 日于南京

---

[1] 关于以穷理为主的学术和以务实为主的实践的讨论，可参阅陈方若《中国商学院亟需改革——寻找穷理和务实之间的平衡》，https://baijiahao.baidu.com/s?id=160628910 0885682889&wfr=spider&for=pc。

摘　要

　　本书探讨企业运营管理中的供需匹配决策。在提供服务和制造产品的过程中，企业运营管理决策者的目标是最小化成本，或最大化收益；权衡的是企业收益与消费者购买产品所得净效用、企业需求预测的全面与精准、所承担的风险与获得的收益、所支付的库存持有成本与生产准备成本、与供应链成员间的协调与冲突、动态定价与产能分配，及提高与拉低供应量或需求量；均衡结果是产品或服务的供应量与市场需求量的供需动态匹配。

　　本书包括六章。

　　第一章"洞察消费者效用——从认知到满足"。知彼知己，百战不殆。首先，消费者"薅"企业"羊毛"的欲望，令企业采用优惠券、推荐等促销手段，去捕获消费者的"芳心"。其次，消费者可能希望在消费过程中表达仁心，希望获得一种消费安全感，企业可借此助推消费者的购买欲望。最后，企业可以合理地利用社交媒体的力量，采用渗透定价策略，助推消费者的购买欲望。

　　第二章"需求管理——先揣测再增强"。世事无常，沧桑可料。不确定性市场需求是常常令企业头疼的痛点，企业无不希望自己是个"预言家"，获取"知不知"和"不知知"[1]的信息，从而在竞争中占得

1　"知不知，尚矣；不知知，病也。"出自老子《道德经》，译文：知道自（转下页注）

先机。因此，首先，企业采用时间序列预测和因果预测方法，从总体上预测市场需求。其次，企业通过收集消费者购买过程中的交易数据、社交网络中的行为数据，在法律允许的范围内区分消费者，实施动态调价策略。最后，企业通过调整库存水平、销量水平等运作指标，策略性地增加消费需求。

第三章"备货管理——成本与收益"。能想到的风险，都不是风险。首先，借助运营管理领域的"同一首歌"——报童模型，采用边际分析思想，分析面临不确定性需求时，企业对备货相关成本的认知及备货决策中的权衡考量。其次，分析企业借助柔性化备货与调价方式，应对需求不确定性风险的策略。

第四章"生产管理——批量的大与小"。制造业大国，未必意味着制造业强国。从专一化生产到 JIT 生产，生产管理理念的不断变革令我回望那些经典的生产管理理论：运营管理领域中的另一曲"同一首歌"——经济生产批量模型、基础生产策略（S 生产策略）、（s，S）生产策略，这些经典的生产管理理论中蕴含着权衡之道，其历久弥新的魅力何在？

第五章"供应链管理——协调与冲突"。竞争中的合作源于互惠企图。企业间并不总是合作，有时需要一些外力助推合作，因此，探究决策者的合作行为如何发展[1]，有助于人们更好地了解供应链成员间的关系。以下两个问题有待回答。首先，面对不确定性引发的风险分担问题，企业如

（接上页注 1）己还有所不知，这是很高明的；不知道却自以为知道，这是很糟糕的。人们倾向于低估自己不理解的事物，表现出过度自信。人们出现过度自信的部分原因是对未知信息考虑不足。因此，人们不应只关注可能的结果，还应多考虑可能意外出现的未知因素（Walters 等，2016）。

1 人类合作行为如何发展？（How did cooperative behavior evolve?）是《自然》期刊在 2005 年提出的 125 个人类待解决的问题之一（Seife，2005）。

何设定各式协调合同策略、采购策略,应对风险分担中的权利与责任对等问题。其次,面对双重加价引发的销售量减少问题,企业如何构造产品分销渠道结构,缓解双重加价效应,增加产品销量。

第六章"供需匹配管理——从收益管理到平台运营"。首先,从收益管理应用的传统行业——航空业谈起,分析其中的定价与产能分配议题。其次,以共享单车行业为研究对象,揭示共享单车企业是如何运用收益管理中的权衡策略的。最后,以网约车行业为研究对象,考虑在产能可调整情景下,网约车企业在匹配供应与需求中的权衡之道。

读者在阅读本书的过程中,如果哪天觉得没什么意思,可先放下;否则,则是在阅读的预期收益与当下机会成本间的权衡不当。

Abstract

The book describes strategies of matching supply with demand in the field of operations management. The objective function of enterprises is to minimize costs or maximize benefits. Enterprises keep the balance between the its revenue and the net utility of consumers' purchasing products, the comprehensiveness and accuracy of demand forecasting, the risk and benefit, the holding cost and setup, coordination and confliction among supply chain members, dynamic pricing and capacity allocating, and dynamically adjusting the supply and demand. The equilibrium of balancing is that the supply of products or services could dynamically matches with the demand.

This book contains six chapters.

The first chapter starts with looking at consumers' utility, from cognition to satisfaction. As an ancient Chinese strategist Sun Tzu said, "Know yourself and know your enemy, you will win every war." Firstly, as some consumers take advantage of firms' promotions, firms have to attempt to capture the hearts of the consumers by using coupons, friends' recommendations, and other promotions. Secondly, consumers may hope to obtain security through their kindness during consumption, which can be used to stimulate consumers' purchasing desire by firms. Lastly, firms can implement penetration price strategy by taking advantage of social media to attract more consumers.

Chapter 2 focuses on demand management, from understanding to enhancing demand management. As everything in life is impermanent, uncertain demand in the market is frequently a biggest headache for firms. To be competitive in the market, any firm wants to be a prophet who knows all known or unknown things[1]. Firstly, they could have a big picture on the overall demand by using either time series forecast or causal forecast method. Then, firms can collect consumers' consumption and behavior data through social media. These data can facilitate firms to differentiate and segment consumers with different prices by legally using the dynamic pricing strategy. Lastly, enterprises could strategically increase demand by adjusting the levels of inventory and sales, and other operational indicators.

Chapter 3 discusses the ordering management, based on the analysis of costs and benefits. Any expected risk is not a risk. First of all, with the help of the Newsvendor model (the traditional model in operations management), this chapter analyzes the firms' cognition in ordering related costs and their order decisions when facing the uncertain demand. Furthermore, the firms' strategies that use flexible ordering and price adjustment in dealing with the risk of uncertain demand are also analyzed in this chapter.

Chapter 4 focuses on production management, by taking the consideration of batch sizing. A manufacturing giant does not necessarily mean a powerful manufacturing. From specialized production to JIT production, the

---

1　"To know and yet (think) we do not know is the high est (attainment) ; not to know (and yet think) we do know is a disease" is from "Tao Te Ching" by Lao-tzu. It means that it is good that you know what you still have a lot of things you don't know, but bad when you think you know but actually not. People tend to underestimate what they don't understand and show overconfidence. People's overconfidence is partly because of the lack of consideration of unknown information. Therefore, one should not only focus on the possible outcomes, but also consider the unexpected unknown factors (Walters et al., 2016).

management philosophy has been innovated continuously. This allows me to look back those classic production management theories, including Economic Production Lot (EPL), Basic Stock Policy, and (s, S) Stock Policy etc. What are tradeoffs in these classic production management theories and why does their charm last so long?

As Chapter 5 demonstrated, supply chain management needs to consider conflicts and coordination among members. The cooperation in competition results from reciprocity. Firms do not always cooperate and need some external forces to promote the cooperation. Therefore, exploring the decision makers' cooperative behavior contributes to a better understanding in the relationship among members in a supply chain. This chapter first shows how firms can design different types of coordination contracts and procurement strategies to deal with the right and responsibility in sharing the risk due to uncertainty. Secondly, this chapter discusses how should firms design their distribution channels to increase sales and mitigate double marginalization.

Chapter 6 discusses the supply-demand matching management from the perspective of revenue management and platform operations. This chapter starts with analyzing the pricing and capacity allocation problems in airline industry, one of traditional applications of revenue management. Then the bicycle sharing industry is used to further reveal the trade-off strategy in using revenue management. Finally, the online car-hailing industry is explored and the tradeoff of online car-hailing companies in matching demand with supply is studied, when its capacity can be adjusted.

It is advised to stop reading when readers find the book is boring; otherwise, there is a mismatch between the expected benefits of reading this book and the opportunity costs.

目　录

Content

思维导图[*]

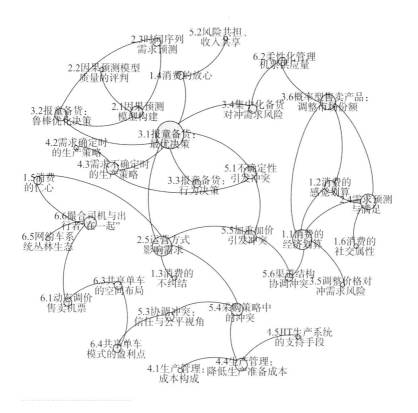

2.3时间序列
需求预测

5.2风险共担、
收入共享

6.2柔性化管理
机柔供应量

2.2因果预测模型
质量的评判

1.4消费的放心

3.2报童备货：
鲁棒优化决策

2.1因果预测
模型构建

3.4集中化备货
对冲需求风险

3.6概率型售卖产品：
调整市场份额

4.2需求确定时
的生产策略

3.1报童备货：
最优决策

4.3需求不确定时
的生产策略

5.1不确定性
引发冲突

1.2消费的
感觉划算

1.5消费
的忧心

3.3报童备货：
行为决策

1.4需求预测
与满足

6.6撮合司机与出
行者"在一起"

2.5运营方式
影响需求

5.5加重加价
引发冲突

1.1消费的
经济划算

1.6消费的
社交属性

6.5网约车系
统丛林生态

6.3共享单车
的空间布局

1.3消费的
不纠结

5.6渠道结构
协调冲突

3.5调整价格对
冲需求风险

6.1动态调价
售卖机票

5.3协调冲突：
信任与公平视角

5.4采购策略中
的冲突

4.5JIT生产系统
的支持手段

6.4共享单车
模式的盈利点

4.1生产管理：
成本构成

4.4生产管理：
降低生产准备成本

* 该图较为直观地表现了不同篇章之间的关联。乍一看，你会发现圆圈的大小、圆圈的
连线数目有差异。事实上，每个圆圈代表一篇文章，圆圈的大小代表这篇文章所述内
容在《权衡的艺术》中的重要性，圆圈之间的连接线则代表这两篇文章之间有关联。该
图有助于读者梳理各篇章之间的关系，若是在通读全书之后再回看该图，应可以更加
深刻地理解本书。

第 一 章

洞察消费者效用

——从认知到满足

CHAPTER
1

Consumers' Utilities

From Cognition to Satisfaction

1.1 消费的经济划算

张庆:"最近忙什么呢?"

陶智颖:"在分秒必争的研究工作中,偶尔有娱乐活动。临近'双十一'购物节,关注商家能给消费者提供什么优惠。"

张庆:"'双十一'购物节的优惠促销活动,每年的花样都不同。"

陶智颖:"2018 年,淘宝网'双十一'的优惠促销活动有能量 PK、提前预售、购物津贴、超级红包、心愿清单、金钱树等;2017 年,淘宝网'双十一'的优惠促销活动有定金膨胀等。"

张庆:"优惠规则多得令人发晕,我什么也不想买了。"

企业为何愿意主动为消费者提供产品价格折扣？

消费者能够享受到价格折扣带来的"红利"吗？

低价的大牌产品是正品吗？

自 2009 年淘宝商城（天猫）发起的"双十一"促销活动，商家提供限时优惠促销，吸引消费者。这已然成为消费者每年一度的购物狂欢日。

除了提供特定的购物狂欢日，商家还采取了哪些促销方式，令消费者的购买计划经济划算呢？

电商在线提供价格折扣[1]

● 电商的心思

一些电商，如拼多多、唯品会等，向消费者提供价格优惠。

拼多多向消费者提供两种购买策略。一是，消费者不用等待，以原价购买商品。二是，消费者等待一段时间，一般不超过 24 小时，和其他消费者拼团，以较低价格购买商品。一般来说，选择拼多多购物平台的消费者对价格敏感，多数会选择等待一段时间拼团购买商品。据此，拼多多既采用全价策略，满足对价格不敏感的消费者，也采用团购优惠策略，吸引对价格敏感的消费者。

唯品会创立之初的售卖模式是，将原本价格高昂但库存积压的服饰通过特卖形式降价销售。这不仅满足了对价格敏感的消费者的需求，也帮助服饰供应商解决了库存积压问题，而且唯品会自己不需要承担

1　关于企业同时通过电商渠道与实体渠道销售产品的讨论见"5.6 渠道结构协调冲突"。

库存风险。唯品会的特卖商品均有一定的销售档期，通常在几天左右，于是唯品会不需要为未来很长一段时间内的需求囤积库存。

电商并非盲目地选择产品，提供价格优惠。

电商有意地将少数产品降价以招徕消费者，被称为招徕定价，这适应消费者的"求廉"心理。采取该策略的企业一般是对部分产品降价，借此带动其他产品的销售（Chen 和 Rey，2012）。企业采取招徕定价的对象，多为消费者常用的商品，而且在这种定价策略下企业所设定的产品价格常常低于产品的成本。企业实施亏本打折策略，目的是吸引消费者关注企业并购买企业的其他产品。那么，此时企业权衡的是，部分产品利润的损失与市场份额扩大所带来的收益。

有时，电商提供价格折扣，可能是为掩饰产品质量的不合格。以低价售卖产品给消费者，给质量不合格的产品穿上一件"皇帝的新衣"——价格优惠。有时，提供价格折扣也可能是为清理产品库存，如唯品会，以价格优惠的形式，吸引消费者购买产品，以消耗库存。

● 消费者的心思[1]

这么想来，按照对产品价格和产品品质的敏感度，消费者可以被分为两类。

一类是对价格敏感而对品质不敏感的消费者。

这类消费者只知道自己大概要买什么类型的产品，但对品牌、质量、价格等方面的要求不明确。他们习惯于在一个产品品类里进行大量的浏览和对比，最终选择自己满意的产品。由于喜欢浏览对

1　关于消费者对产品价格心思的更多讨论见"1.2 消费的感觉划算"，关于产品价格影响消费需求的更多讨论见"3.5 调整价格对冲需求风险"。

比——这类似于逛街，因此他们对服务效率的要求也不高。甚至，他们上网购物的更多目的是娱乐、打发时光。譬如，拼多多通过微信中的社交网络，以好友之间的社交拼团形式，不断地激发消费者的购买欲望。

对于这类消费者而言，团购价格的优惠幅度是影响消费者是否购买的决定因素。譬如，初入市场时，服饰电商会采取团购的形式，以低于市场均价的价格，吸引对价格敏感的消费者。在占领了一定市场份额后，服饰电商会将团购价格提高到市场均价，此时，对价格敏感的消费者会放弃购买，转而去寻求更低价格的同类服饰。

愿意降低对产品质量的要求来获取价格优惠——对价格敏感的消费者群体量不小；其中，一些消费者甚至是"零消费"群体。

"零消费"群体的画像是什么？2018年，正逢酷暑，笔者回家探望父亲，发现家中客厅用了多年的空调坏了，笔者问父亲为何不更换一台新的，父亲说可以暂时用风扇代替。对于笔者的父亲这代人而言，他们可能从未想过，也不太愿意为提升自己的舒适感而去花大价钱；他们的要求只是夏天有空调甚至是风扇，家里有彩电，而不追求空调一定要静音，彩电一定要高清。

看起来同样款式的商品，在拼多多、淘宝、天猫上的价格却相差甚远，拼多多的低价策略正合"零消费"群体的心思。追求价格而不太在乎品质的消费者，多选择在拼多多上购物；略微看重产品品质的消费者，可能选择在淘宝上购物；而比较重视产品品质的消费者，则倾向于在天猫上购物。

另一类是对价格不敏感而对产品品质敏感的消费者。对于这类消费者而言，他们同时考虑商品原价和拼团价格，当两种价格相差过大时，消费者会怀疑产品品质，从而放弃购买。数据显示，拼多多 APP 的卸载用户中有 78.3% 流向了淘宝[1]，这表明很多消费者对产品品质比较看重。

消费者对产品品质不敏感，是否意味着对价格敏感呢？未必。笔者回忆起，在各种保税店里，国人疯狂买买买的场景，这些消费者究竟是对价格敏感的低价值消费者呢？还是对价格不敏感的高价值消费者呢？

实体店提供优惠券

在美国，一些商家会在当地报纸上印发购物优惠券，对于那些有时间去收集当地报纸并裁剪优惠券的消费者来说，花费一定的时间便可获得购物折扣。一般来说，只有把"一分钱掰成两半用"的消费者，才会愿意花费时间去收集这些优惠券。

在中国香港，一些商家会依据消费者的消费金额，提供相应数量的印花；消费者积攒的印花达到一定数量后，可以选择以低价换购一些指定产品。

商家不仅可以通过全价方式，将产品以高价售卖给那些对价格不敏感的消费者，还可借助优惠券、印花等方式，将产品以低价售卖给那些对价格敏感的消费者，实现对不同消费者群体的差异化定价。

若商家经常给消费者优惠和促销，则可能令其失去优质消费者。

一是，商家的促销行为令消费者策略性地等待购买时机。商家提

1　极光大数据（https://www.jiguang.cn/）显示，卸载淘宝 APP 的用户有 50.3% 流向了拼多多，而拼多多 APP 的卸载用户中有 78.3% 流向了淘宝。

供的价格优惠等促销措施，提高了消费者对潜在更多优惠的预期，抑制了其正常购买行为。在这里，策略性的消费者是指聪明但不是特别精明的一类人群，因为，在购物决策时，消费者的精力和可利用资源都是有限的。

二是，优惠券可能被竞争对手利用，不仅令商家丢了自己的消费者，还让竞争者增加了收益。通过竞争对手的宣传来促销自己产品的策略，被称为"截和"式的顺势促销。麦当劳曾经派发广告：消费者持任何快餐厅的优惠券，不管是肯德基、德克士、汉堡王还是赛百味，均可在麦当劳享受购物优惠。一方面，麦当劳既从竞争对手中"偷"走一部分促销力度，提高了自己的收益，又抢占了竞争对手的市场份额，可谓一石二鸟；另一方面，消费者也从竞争型企业的促销中获利。

商家提供两类产品[1]

商家只提供一种产品时，可以通过限时价格优惠，或是经常性的价格折扣，或是提供优惠券的形式，使消费者的购物变得经济划算。

若商家能提供两类产品，让价格敏感者与不敏感者各得其所，如何？

一些知名品牌商会选择以不同的子品牌，销售不同质量水平的产品。

在产品销售领域，如 MIU MIU 的设计大胆有趣，可穿性高，其实

---

[1] 关于商家提供不同质量水平的产品给消费者选择的更多讨论见"1.2 消费的感觉划算"和"2.4 需求预测与满足"。

MIU MIU 是 PRADA 的副线品牌。这类关系的表现形式，还有 DKNY 与 Donna Karan、McQ 与 Alexander McQueen。

在酒店服务领域，对于一位需要住宿的客人，当他仅需要一个干净、安静的环境来睡一觉时，可选择万豪旗下的万怡酒店；当他需要便宜的家庭式酒店时，可选择万豪旗下的费尔德假日酒店；而当他需要长期入住居家套间时，可考虑万豪旗下的公寓酒店。

一些知名品牌，还会选择用同一个品牌，在不同的渠道，销售不同质量水平的产品，满足消费者"薅羊毛"的心理。

Coach 品牌商为在价格折扣渠道上销售的产品设立了一套专门生产线，俗称工厂货。光看样子也看不出工厂货与专卖店商品有何分别，然而细细比较下来，款式和质量都与专柜商品有着很大的差异。或是说，工厂货的成本要比专卖店商品的成本低许多，比如专卖店里的包会选用最好的头层皮，工厂货只会用二层皮。这就是为何一只在专卖店一分都不能少的新品名牌包，相同款式的工厂货七到九折就可买到。不明就里的消费者到了售卖工厂货的商场，看到心仪款式的包打折，价格低，款式又相同，自然欣喜万分，不知不觉中就为工厂货的销售做了贡献。

更有甚者，一些品牌商会将自己的品牌出售，任由代工厂挂牌售卖产品，而不去对这些产品进行质量监控。

中国的四大保暖品牌——南极人、北极绒、俞兆林、恒源祥，均有售卖正品吊牌货的情况[1]。一些小厂家将自己的低端产品挂上大品牌的正品吊牌，提高了价格；消费者却不知自己只是买了正品吊牌货而非正品。消费者想去薅商家的"羊毛"，反被愚弄。

---

1 《你网购的南极人、恒源祥是正品还是正品吊牌？》，https://tech.sina.com.cn/i/2018-12-06/doc-ihmutuec6734240.shtml。

对商家而言，通过提供各样的优惠，吸引消费者前来"薅羊毛"，就是要给消费者塑造一种"这只羊有羊毛可薅"的感觉。

对消费者而言，需要思量是否能够真正地获得经济划算。

1.2 消费的感觉划算

　　某理发店店庆活动回馈老客户，理发有特惠，一律六折。

　　一位顾客平时理发都是支付 200 元，造型师对这位顾客说："以前你选择的是 200 元的理发服务，现在原价 400 元的理发加护理有 6 折优惠，6 折下来才 240 元，相当于您只比之前多花 40 元，就可享受价值 400 元的服务；而且，您想，理发加护理的服务价值 400 元，你才花费 240 元，相当于赚了 160 元。这是店庆活动才有的优惠，不要错过啊。"

　　如果你是这位顾客，会做何选择呢？

消费者的感觉划算由何而来？

为何女生逛街购物花费的时间那么长？

商务舱机票价格为何能远高于经济舱机票价格？

　　你或许会忽视各类促销信息，依然选择 198 元的理发服务；或许会受到价格促销信息影响，选择 400 元的理发加护理服务，感觉赚了160 元。

　　为何会有"赚了 160 元"的感觉呢？消费者在评估一项选择结果好坏之时，不仅考虑结果本身的好坏，还将结果与心理预期或者其他标准进行对比，这就是参照点效应。

得与失之感受

　　参照点效应的表现之一是损失规避——客观程度相同的损失和获得，在主观价值表现上，损失比获得的多（Kahneman 和 Tversky，1979）[1]。

1　一些有关 Tversky A.（1937 年 3 月 ~ 1996 年 6 月，美国行为科学家，因对决策过程的研究而著称）的轶事。① Tversky 的研究影响深远，他在心理学顶级期刊 *Psychological Review* 上发表文章 19 篇，创下该期刊创立一个世纪以来个人文章发表的最高纪录（李纾，2016）。②为了前景理论的研究工作，Kahneman 抛弃了之前关于注意力的研究，Tversky 抛弃了从模型到心理洞察分析的研究范式 [该研究范式的形式可参阅 Tversky（1969）]，两人亲密合作，一周互访一次，Tversky 从斯坦福大学飞到英属哥伦比亚大学，Kahneman 从英属哥伦比亚大学飞到斯坦福大学，当年的Thaler（2016 年诺贝尔经济学奖获得者）在两人面前，都插不进话。③友谊有很多形式，不管合作多么高产，若一个人无法正确地认可、支持同伴的成就，则可能导致翻脸。擅长提出问题的 Kahneman 和擅长规范化理论的 Tversky，在合作研究中谁的贡献更大？他人可能觉得 Tversky 的贡献更大，这令 Kahneman 有了心结。（转下页注）

在经济决策情景中，对一般人而言，损失 100 元的难受程度，比获得 100 元的喜悦程度大得多，即相同经济程度的"失"比"得"带来的感受更加强烈。表现在效用函数上，就是相同程度的经济效用，"失"带来的负面效用要比"得"带来的正面效用更大。

而对"不一般人"而言，如一些政治家、企业家、赌徒，身处小概率的"得"与大概率的"失"的情景中，"得"所带来的效用增加大于"失"所带来的期望效用，他们很容易忘记"失"，而不停地去变革、创新、赌博。

上述中的"一般人"较为看重"失"，"不一般人"较为看重"得"，介于其中的人，是理性的人，能够用期望法则，客观地看待得与失。

另外，即便是在对"一般人"而言的决策情景中，男性与女性对"得与失"的感受也不同。或许，男性的购物决策更少受参照点效应的影响。尽管如此，那些希望借助消费者购物决策参照点效应获利的商家，也无须太多忧虑，毕竟依从"男性购物不花时间，女性购物不看时间"的原则，多数情况下，购物权被女性牢牢地掌控着。

在接下来的行文中，笔者想要讨论的，是对多数一般人而言的决

（接上页注 1）随后提出绝交（Lewis，2017）。④即便双方绝交，Tversky 也继续维护和 Kahneman 合作前景理论的研究工作（Tversky 和 Kahneman，1992），理由有二，一是，李纾教授写了篇关于权重函数的论文，指出前景理论研究中有待完善之处，Tversky 给作者写了个不匿名审稿信，并拒稿（李纾，2016）；二是，Tversky 的学生 Gonzalez 参与了 1992 年的前景理论研究工作，但是 Tversky 说，前景理论只能是他和 Kahneman 合作，这大概令 Gonzalez 当时的心灵受到伤害了吧。⑤双方绝交后，Kahneman 开始研究与幸福学相关的话题，譬如，峰终效应（Barbara 和 Kahneman，1993）。⑥即便绝交，当 Tversky 发现自己得病时，第一个电话仍是打给 Kahneman 的。⑦ Kahneman 夸赞 Tversky，他说与 Tversky 聊天，越早意识到自己没有 Tversky 聪明，自己就越聪明。⑧ Tversky 自嘲道，喜欢别人夸自己懒，因为懒，才会把有限的精力放在重要事情上。⑨ Kahneman 放纵自己想象万一真的拿了诺贝尔奖会怎么样？他想他会带着 Tversky 的妻儿去颁奖现场，会在演讲中怀念他。现实中，Kahneman 在诺贝尔奖颁奖现场把 Tversky 的照片投在了自己身后的屏幕上

策情景。

消费者的效用函数由两个部分组成，一个是产品或商品本身给其带来的经济效用，另一部分是相对于参照点的"得与失"的交易效用。譬如，消费者往往出于占便宜的心理进行购物，这是"交易效用"的力量。

消费预期引发参照点效应[1]

面对商品，消费者有两种行为——消费者预期购买和不购买。

当消费者预期购买时，消费者的参照点为（购买，预期费用）。当消费者预期购买，实际也购买时，消费者效用由经济效应，及预期价格与实际价格的差值带来的交易效用构成。当消费者预期购买，实际没有购买时，消费者效用由没有发生购买行为产生的负效用，及"省下"购买经费带来的正效用两部分构成。

当消费者预期不购买时，消费者的参照点为（不购买，预期费用）。当消费者预期不购买，实际购买时，消费者的效用一部分是经济效用，另一部分是预期不买实际购买了产生的效用。当消费者预期不买，实际也不购买时，消费者的效用为零。消费者通过比较买与不买带来的效用，做出买与不买的决定（Köszegi 和 Rabin，2006）。

考虑到参照点引发的效用，消费者可能会购买那些高出预算的商品。

一位消费者想购买一部新的手机，但价格高出他的预算。有一天，他在邮件中收到百货商场发来的优惠券，虽然优惠后的价格依然高出

---

1 关于消费者对产品价格心思的更多讨论见 "1.1 消费的经济划算"。

他的预算，但他已经开始想象自己获得心仪已久的手机时的场景。虽然没有发生任何现实交易，但这种幻想唤起了他的积极情绪。

当他来到商场时，发现手机价格过高，此时放弃购买将使他的幻想破灭，空手而归无疑会让他陷于失望之境。因此尽管价格高昂，他最终还是有可能以高出预算的价格购买手机，目的是避免这种失望。

采用同一个产品在不同时段以不同价格销售策略的企业，其管理的复杂程度也高[1]；而差异化定价只需两类价格，但是差异化定价常常使得看似等值的产品价格相差甚远，引发消费者不满，降低了消费者重复购买的意愿。

品类间差异引发参照点效应

依赖参考价格的交易效用取决于消费者用什么价格作为参考价格。参考价格越高，消费者越容易获得正的交易效用。这可以用来解读为何女生逛街的时间那么长，一是她们需要花费时间，搜寻到合适的产品；二是她们需要不断地货比三家，通过对比价格，获得正的交易效用。

考虑到消费者选择产品时会将同一品类中的最低价格作为参照点，当最低价格产品的价格上升时，其他产品的市场份额会增加，且消费者消费剩余也会同步增加。这是因为在没有引入参照点时，消费者在购买时只是比较价格的大小，产品价格低就会买，产品价格高则

---

1 能采用峰时定价的企业，多为电商企业，因为在线调价方便。电商企业的峰时定价策略，除考虑消费者的接受意愿之外，还需考虑如何对竞争对手的产品定价做出反应，更多讨论可参考 Fisher 等（2018）。

不买。当引入参照点后，消费者的购买行为取决于价格差值。如果参考价格对产品评估有较强的影响，那么企业会提供更多的高价产品，从而使低价产品对消费者更具吸引力。

质量差异引发参照效应

实行产品线策略的企业，在决定低端和高端产品质量的时候，有一个最优的质量差距，这个最优差距与不同支付意愿乘客的区分度有关。

当消费者区分度高的时候，最优差距就大。实际中，由于质量差异化制约因素的存在，产品质量上不去，产品质量差距过小，产品区分度不足以满足乘客的不同支付意愿，于是企业将附属产品或服务捆绑在主产品上，从而达到最优的质量差距（Shugan 等，2017）。

● 航空公司为商务舱乘客提供高品质餐食

给商务舱乘客提供美味餐食，提升商务舱的服务质量，有助于拉开商务舱与经济舱座位的价格差。

若航空公司不借助餐食、优先登机权、行李托运额度等区别商务舱和经济舱，则会令商务舱乘客觉得物非所值。毕竟，航空公司所提供的核心服务是一段旅程，同一航班的人出发时间一样、目的地一样、受天气影响而延误飞机的情况也一样；若没有附加服务，就很难令乘客区分商务舱与经济舱的座位价值，体会到商务舱的座位物有所值。

虽然"食之无味、弃之可惜"的餐食遭到经济舱乘客的嫌弃，但是，航空公司为经济舱乘客提供餐食的成本却不低。餐食配送面临着较高的不确定性需求，直到起飞前的 1 个小时左右，航空公司方知道较准确的登机人数；而批量的航空餐食制作与配送需要至少 2 个小时。在飞机上，由于餐饮是免费的，若有乘客没有拿到餐饮会产生很大的不满，所以不允许存在库存不足的情况。因此，餐食通常供过于求，从而导致巨大浪费[1]。

如果能使浪费率降低 1 个百分点，则可减少很多浪费。航空公司该如何应对上述挑战呢？

一是，提高对经济舱餐食需求预测的精度，尽可能使供应和需求不匹配概率降低。

二是，提供泡面一类的即食餐食，用于补充正式经济舱餐食供应不足时的需求。

三是，取消免费提供的经济舱餐食。譬如，天津航空国内航班不再向经济舱乘客提供免费餐食，乘客若有需要，可在天津航空官网、微信公众号（tianjin-air）或乘坐的航班上购买餐食[2]。乘坐经济舱的乘客或想带泡面上飞机，航空公司会允许吗？笔者曾经购买虎牌航空公司的一张经济舱机票，从南京飞往新加坡，登机后被告知，没有免费的餐食，也不准食用自己携带的餐食，而只能在客舱中购买餐食。

● 为经济型酒店客人提供免费早餐

把低质量产品往上拉，缩小高端与低端产品之间差异的做法，在美国的酒店业中得到了普遍应用。酒店受限于地理位置，两种核心产品或服务之间的差异过大。高端酒店可以设在高收入者喜欢的地方，并达到高收入者喜欢的质量水平。但经济型酒店就会受到各种制约，首先，其

1　陈剑教授在为中国国际航空公司提供管理决策咨询时所面临的问题。
2　《关于天津航空国内航班差异化定制服务的温馨提示》，http://www.tianjin-air.com/travel notice/noticewindow/index.html#detailNotice?pid=146。

所处位置是租金较低的地方，并且酒店的服务质量是较低的。

受位置和服务水平的限制，经济型酒店所能提供的核心服务质量受到制约。具体来说，低端酒店会雇用工资水平较低的厨师、服务员，所以菜品的样式和质量不如高端酒店；另外，低端酒店的位置不如高端酒店好。

酒店需要用一个很低的价格来维持低端产品的存在，因而无法达到最优收益。故企业在低端核心产品上捆绑附属产品，提高低端产品价值，缩小两类产品的价值差距，令消费者觉得经济型酒店性价比较高，所以经济型酒店需要提供免费的早餐、无线网络、电视服务（Shuga等，2017）。

不过，Shuga等（2017）的研究是基于美国的酒店商业情景。笔者所在的研究领域，每年一度的学术会议INFORMs多在美国的五星级酒店举办，入住会议所在酒店，房费默认不包括早餐；若参会者自行选择预订会议酒店周边的经济型酒店，房费较低且有免费早餐。回到中国的酒店商业情景，无论是高端酒店，还是低端酒店，多数都不会提供免费早餐，这或是因为，高端与低端酒店在地理位置方面的差距不是那么大，或者说，核心产品或服务的差距不是那么大。

消费者购物时，要的不仅是经济划算，还要感觉划算。若要规避感觉划算所带来的经济不划算，消费者需要明确购物目标，发现并"虏获"商品后，立刻离开商场。不过，这么想来，消费者失去了购物的乐趣。

1.3　消费的不纠结

蔡瑾玲需要一个小粉饼，于是叫上李皓语一起去购物。

进店后，经过一番性价比的对比，终于在琳琅满目的品类中选出满意的粉饼，于是两人高高兴兴去了收银台。准备付款时，收银员微笑地提醒道："本店正在做全场买三免一的活动。"

为了不辜负收银员的好意，两人只能收起钱包，寻找凑单商品。小粉饼的价格只有几十元，要找到自己需要、价格又相当的商品真不容易。

两人一边要保持理性的购物心态，一边又要尽力去满足优惠活动的条件，身心俱疲。由于买一个粉饼觉得自己没有享受到优惠，又不想继续寻找最优惠的凑单组合，最后蔡瑾玲决定什么都不买了。

李皓语心想，本想简简单单买一个小商品，却被促销活动给搅和了。买三免一的活动本来是为了促使消费者多买商品，却适得其反，这也许是因为消费者又懒又聪明。

"买三免一"促销效果为何有时适得其反呢？

合理的购物理由可能是强词夺理吗？

商家为何会"拒绝"消费者的购物意愿？

"回转寿司"售卖产品的门道是什么？

"买三免一"优惠活动适得其反的原因可能是，该活动虽然给蔡瑾玲提供了价格优惠，却缩小了她的购物选择范围。在一个较小的购物选择范围内，消费者可能不愿意沿着决策树的分支去思考所有可能的结果，无法形成一种清晰的偏好。因为在短时间内蔡瑾玲选不出足够多的心仪产品，最终放弃购买。毕竟消费者每天需要处理大量的信息，而可利用的认知资源却有限。

不过，"买三免一"优惠活动可能不会缩小笔者的购物选择范围。因为常在购物决策中偷懒的笔者，会选择同款产品购买多件，那么"买三免一"优惠活动正合笔者心意。

对于作为"上帝"的消费者，商家既不能对其强拉硬拽，也不能对其过于"谄媚"。[1]有何方式，能让企业以较低成本，增加消费者的支付意愿呢？消费者的决策行为受外界因素的影响，企业可让消费者在不经意间改变其行为。方式之一是助推。

助推的本意是用胳膊肘轻轻地推一下对方。笔者曾深陷于失眠—晚起床—失眠的困境中，又因每天的早餐要在学校食堂用餐，早餐时段的白水煮蛋供应有限，去晚了，常常买不上鸡蛋。一位朋友问及，既然在食堂可能吃不上鸡蛋，为何不自己在家煮鸡蛋呢？笔者答道，我是把学校食堂的鸡蛋作为一种起床的诱惑，助推我起床。李纾教授在攻读

---

1 人类如何思考？对此类问题的回答可回溯到心理学领域的研究中。李纾教授戏言，心理学研究有何用呢？一是给人"看病"，二是帮人"算命"。

博士学位时，若给期刊主编发信催问稿件审稿进展，会写道："sorry to nudge you……"关于"助推"的更多中文学术论文，可参阅 2018 年 8 月的《心理学报》。

介于"胡萝卜"和"大棒"之间的"自由意志家长式"助推方式，既不是"大棒"式地强迫消费者，也不是"胡萝卜"式地诱惑消费者，而是改变一些小因素，助推消费者的决策行为（Thaler 和 Sunstein，2003）。

在日常生活中，具有"助推"意义的措施常常效果不错。比如，在引导大家参与垃圾分类方面，杭州有些小学给学生布置的家庭作业就是关于垃圾分类，结果极大地推进了杭州垃圾分类工作的进展。这是因为，大多数家庭中，孩子是关注的中心，学校给孩子"留"垃圾分类的作业，会带动全家人去完成垃圾分类这项工作。这也让笔者想起一个朋友讲过她孩子的周末作业——全班小学生去紫金山上捡垃圾。负责组织该活动的家长很有经验，为了保证每个孩子都能捡到垃圾，将全班小学生分为两组，一组在山脚到半山腰之间捡垃圾，另一组在半山腰到山顶之间捡垃圾。一个孩子带动一个家庭，类似这样的活动往往能收到不错的效果。

在公共政策领域，"自由意志家长式"理论解释了政府法规如何通过轻推一把，就能使人们避免做出拙劣的决策。这是一类叫作"锚定"的启发式决策，也就是一种建议，即希望将想法转变为行动的人应该如何思考。若让每个人在一开始就自动加入养老金计划，而不让他们去选择加入与否，就会使他们为退休更多地储蓄；或是说，雇员不做任何事情就会自动加入（但是他们也有选择退出的权利），这就可以保证即使他们心不在焉，年老时也不会遭受贫穷。

那么，在消费领域，企业助推消费者的购物意愿，又有哪些方式呢？

主动给消费者推荐产品组合

● 推荐产品优惠组合

企业可以店长推荐为名，推荐"买三免一"的产品搭配，这或有可能助推以蔡瑾玲为代表的消费者做出购买决策，增加产品销量。

与"买三免一"优惠活动类似的有"买一赠一"的促销活动。但是，"买一赠一"的促销活动可能令消费者为难。笔者曾与齐向彤、刘林冬教授一起在一家台湾风味餐厅用餐。点甜点时，齐向彤教授建议试一下台湾的凤梨酥，菜单上注明"买一赠一"，而因为我们的就餐人数不是偶数，所以陷入两难。

若是在情人节、七夕节期间，企业推出"买一赠一"活动，则正合消费者的心意。此时，企业仅付出较低的成本，却能获得尚佳的促销效果。

● 推荐替代型产品

替代型产品是指两种不同的产品在使用价值上可互相替代，满足消费者的某种需要。譬如，消费者在购买海飞丝洗发水时，若海飞丝缺货，消费者会以一定的概率转移至替代型产品，如飘柔洗发水。

企业推荐替代型产品有什么好处呢？ Nip 等（2017）提供了两种解读。

第一，在一定程度上控制消费者的转移概率，推荐产品使得企业掌握了一部分主动权；同时，大数据的发展为企业了解消费者的行为提供了帮助，根据消费者行为，向其推荐产品能够提高消费者的购买率。

第二，若任由消费者自行选择替代型产品，可能出现消费者转移至不可得产品的情况，导致消费者离开市场。企业提供推荐，不仅提高了消费者买到心仪产品的概率，还帮助消费者避免了不必要的时间浪费。

● 推荐互补型产品

企业还可向消费者推荐互补型产品，扩大消费者的购买需求，进而增加销售收入。何为互补型产品？互补型产品是指两种商品之间存在某种消费依存关系，即一种产品的消费与另一种商品的消费相配套，消费者同时购买两种产品能够获得较高效用。

一些电商网站如一些线上生鲜零售店可能会在消费者浏览某件商品时，为消费者推荐一些相关产品。这种方式的好处是提高了消费者购买相关产品的可能性。试想，消费者要买的东西很多，各种水果、蔬菜，可能买了苹果、面包等，却忘记要买香蕉、纯净水之类，页面推荐正好帮了消费者一个忙；退一步讲，也许消费者起初压根儿没想买纯净水，但看到推荐页面时，消费者可能就会想，吃面包会口渴，不如再买一些瓶装水吧。

● 推荐相关型产品

面包与瓶装水的互补型关系看起来比较直接，此外，企业还能借助消费数据，把一些看似不可能出现互补关系的产品放在一起，通过推荐相关型产品，增加销售收入。

沃尔玛的营销经理发现，啤酒与尿不湿的销量在周末会成比例增长，这好像意味着，消费者喝了啤酒，就要用尿不湿似的。其实，这主要是因为，在周末，啤酒和尿不湿的购买者多为初为人父的青年男子。由于孩子尚在哺乳期，他们需要下班后带尿不湿回家，而周末又是各类体育比赛的高峰期，边喝啤酒边看比赛是多么惬意的事！若将啤酒和尿不湿放在一起，推荐售卖，产品销售额必将节节高。

实际上，沃尔玛将啤酒和尿不湿这两种产品放在一起，只是方便了消费者迅速购买，但未必会增加两种产品的销售额；毕竟，啤酒的销量受到比赛时间的影响，而尿布的需求取决于婴儿的数量。

给消费者的购物以理由

● 给消费者提供购物理由

"钻石恒久远，一颗永流传"，这个宣传语让那块碳晶体成为爱情的象征。一旦钻石成为爱情的象征，消费者就有了购买它的动机。爱情具象化的表现体，不仅限于钻石，还包括鲜花、巧克力等。

当没有了"恒久远"的爱情，取而代之的是女性所表现出的独立、乐观，对此，珠宝销售商又开启了"去爱情化"的营销攻略，让消费者通过购买各类珠宝，表达自身的经济与精神独立。譬如，卡地亚在一则钻石广告中，不谈幸福、婚姻、情和爱，而是宣告："当女人红颜不在，男人离她而去，只有钻石还陪在她身边"。[1]

物欲的过度泛滥可能是人类的灵魂出现了问题。广告奴役着消费者的购买欲望，消费者为购入并不太需要的商品，要过度工作，甚至用健康去换钻石等各类奢侈品，以及广告里的那段宣传语。这种"过度赚钱"而忽视身体健康的行为，在消费者面对高收益回报率时，表现得更为明显（Hsee 等，2013）。

行笔至此，笔者像是在"胡言"爱情和物欲的关系，其实，爱情从来不是一门学问，而是一种领悟。

1　卡地亚微电影《钻石》钻石是女人最好的朋友 . http://fashion.qq.com/a/20151123/035331.htm［2018-10-07］.

● 帮助消费者"掩盖"购物理由

有时候，特别是当购买某种产品的理由与消费者所在地文化传统不够一致的时候，消费者会羞于表达购买的理由。

在婴儿纸尿裤刚进入中国市场时，其主打广告语是"方便"，结果销售遭遇惨败；直到把广告语换成"舒适，透气"，纸尿裤才得以在中国市场推广。这是为什么呢？当面对"舒适，透气"而不是"方便"的购买理由时，高尚而又平凡的妈妈们会想，自己买纸尿裤不是因为自己不够勤劳贤惠，而是因为纸尿裤的舒适感对宝宝好。

这也可以解释为何消费者在购买了名牌包后，常常会夸赞名牌包质量可靠且经久耐用。其实这种说法很牵强，因为一个环保袋也很耐用。这实际上是消费者在"自我欺骗"。对于消费者这种"自欺欺人"的想法，商家不仅不会去戳穿，还会非常贴心地配合消费者演出，结果皆大欢喜。

"欲擒故纵"消费者

橱窗作为店铺的"眉眼"，是消费者看到这家店铺的第一印象。橱窗购物是一种经济实惠的逛街方式——只逛街而不花钱。果真如此吗？消费者在橱窗前流连，久而久之，就动了购物的念头。

"将欲歙之，必固张之；将欲弱之，必固强之。"[1] 有一种橱窗的设计是为了"拒绝"一些消费者，其真实目的是筛选出有价值的消费者。对于很多奢侈品店，它们通过橱窗内外那些耀眼的珠宝、发亮的皮具、光鲜的衣裳，主动"拒绝"一些低支付意愿的消费者。除此之外，扮

---

[1] 出自《道德经》第 36 章。译文：想要收敛它，必先扩张它，想要削弱它，必先加强它。

演"拒绝者"的橱窗还可能会提高人们对相关品牌的评价，甚至会加强人们对该品牌的服从倾向，即消费者在遭到品牌拒绝后，会更乐于为这一品牌埋单。

要达到这种效果是有条件的。只有当拒绝的发出者是消费者梦寐以求的品牌，且消费者把该品牌与梦想中的自我认知相联系时，这种拒绝才有可能达到正面效果，因为实现梦想并非总是顺风顺水的（Ward 和 Dahl，2014）。或是说，当某个品牌的销售人员的拒绝行为恰好反映该品牌个性时，消费者在被拒绝之前还无法确认自我与品牌之间的关系，销售人员的冷漠态度反而能够使消费者对品牌产生更高评价，进而产生强烈的购买愿望。其原因可能是销售人员的"冷漠"会促使消费者产生顺从倾向，改变原有态度，直到最终购买该产品。

提供购物的新意 [1]

"野火烧不尽，春风吹又生。"消费者购买产品是购买一种梦想，当一个梦想购买到手后，就会有新的目标，会想着再购买一个梦想，周而复始。为何如此？

喜新厌旧，人之本性。妈妈要变着花样给孩子准备各式菜品，热恋中的男女要不断地给对方制造惊喜，女孩们喜欢尝试不同的妆容，男孩们则对新上市的球鞋"情有独钟"；而学校食堂的饭菜，无论食堂师傅如何下功夫，即便是学生很喜欢吃的一道菜，一个学期下来，学生对该道菜的喜爱程度也会下降。

为满足消费者"喜新厌旧"的需求，企业准备大量的品类供消费

---

[1] 关于企业运营管理方式影响消费需求的更多讨论见"2.5 运营方式影响需求"。

者选择，但是品类多了库存成本也就高了。Zara 的产品售卖策略可谓是"一箭双雕"——采取逐步推出货品而非一次性全部上架的方式。品类的逐步推出使消费者不了解未推出的新款式，消费者又不能等待所有新品推出后再选择购买，即便在未来可能出现更喜欢的一件衣服，只有将喜欢的衣服都收入囊中，才能使自己由于等待产生的后悔降到最低。这种策略类似于回转寿司，传送带逐一呈现食物，可能让消费者比从菜单上点菜吃得更多，因为未来总有惊喜。

"回转寿司"的售卖策略在广州的老式早茶楼里也被用到。新式的吃早茶方式——食客先点单，服务员下单并逐一送上食品，老式的吃早茶方式是，食客找位置坐下来，先点上一壶茶，随后服务员推着装有各式点心的小推车过来，食客可看菜下单，边吃边点。

分批传送不同种类的产品是否能带来价值取决于产品种类和消费者类型。一方面，对于快消品，消费者可能愿意在短时间内购买，所以分批上新品有可能增加收入。但对于家电、手机等耐用品商品，分批上新品很可能不会刺激购物，反而有损销量，因为如果消费者猜测到很快会有新品上市，可能会延迟甚至放弃购买。另一方面，消费者可以分为短视和谨慎两类，前者不太会精挑细选，常有冲动购物行为；后者则更加谨慎，更有可能放弃购买（Ferreira 和 Goh，2016）。

对消费者而言，虽然喜新厌旧是人之本性，但不离不弃也是人之神性。有良知和修养的消费者，应当懂得去控制那些不合情理的、过分的欲望。

不断获得新的消费需求，是企业收益增长的关键手段之一。但是获得并维持住新消费者是何等的艰难与昂贵。为此，企业必须想方设法，以尽可能低的成本，助推消费者的购物意愿。企业可采取的助推方式包括但不限于：在恰当的场景提供"买三免一""买一赠一"等促销活动，为消费者准备合理的购物理由，"欲擒故纵"消费者的消费需求，以及以"回转寿司"策略不间断地提供多品类产品。

但是，企业助推消费者的消费欲望时，需要考虑消费者的消费能力，不能过度地助推，这才是企业的为商之道。

1.4　消费的放心

　　蔡瑾玲在网店看上了一件衣服，一直犹豫要不要购买，于是决定先到实体店看看。

　　来到实体店，迎面走来一位销售员，热情礼貌地询问了蔡瑾玲想要的款式，随后找来了蔡瑾玲想要的衣服，以及与该款类似的衣服。

　　蔡瑾玲试过自己挑选的衣服后，发现并不如所预想的那般好，却意外发现销售员推荐的另外两件衣服正好适合自己。

　　正当蔡瑾玲纠结买哪一件衣服时，销售员建议："其中一件衣服穿着显得优雅，另一件穿着显得俏皮，都十分适合您；现在店面正好有优惠活动，两件合买能够省下四百多元；另外，这两件衣服库存已经不足了，适合的尺码只剩这最后一件，如果现在下不了决心买下来，明天再来就一定没有了；买下来，若是一个月内您不喜欢了或者衣服质量出了问题，可无条件退换……"

　　为避免在销售员三寸不烂之舌的劝说下买更多衣服，蔡瑾玲买了这两件衣服就走了。

明明退货有成本，企业为何还要提供无理由退货服务？

明明喜新厌旧，为何消费者还要执念于产品保修期的长与短？

明明被多家监管，为何产品质量还是无法得到保证呢？

销售员的高明之处在于，他给蔡瑾玲提供了放心购物的理由。首先，他承诺一个很长的退货期，不仅打消了蔡瑾玲的后顾之忧，而且向蔡瑾玲暗示了产品的高质量；其次，他传递出产品库存短缺的信号，向蔡瑾玲暗示其他消费者也很喜欢这件产品，不仅可通过从众效应增强蔡瑾玲的购物倾向，还增加了蔡瑾玲如果当下不购买产品事后所会产生的后悔感觉；最后，他告知蔡瑾玲当前的打折优惠活动，提高蔡瑾玲当下购买产品的交易效用。

想退就能退吗

● 退货引发成本

退货在日常生活中十分常见。消费者购买商品后，由于某种原因，向企业退回商品，企业给予一定金额的退款。

常见的退货理由包括：产品质量问题，产品的款式或型号不合意，或仅仅自己不喜欢该产品了。笔者在澳门大学访问期间，到超市购置了一台烧水壶，拿到家后方发现，电源线插头的制式非笔者所需，于是，笔者便退货了。

在美国，售出商品的平均退货率约为 8.9%，在加拿大，约为 8.6%。流行服装在退货商品中占大多数；并且，95% 的退货商品没有特别的退货理由，可能只是消费者拿到商品后不喜欢就退回了[1]。

商品售出后退货在所难免，这给企业造成较高的运营成本。一是，收集和处理商品退货需要付出仓储、人工等成本；二是，一些退回来的货品残值较低，与商品原来的价值相差甚远，企业再次销售商品的收益大幅降低。

退货政策吸引消费者

一些企业只看到退货不好的一面，当消费者要求退货时，百般阻挠不予配合，给消费者造成不好的购物体验。然而，对争夺市场份额的企业而言，提供宽松的退货政策有助于提高收益。可能的原因有如下几点。

一是，企业提供宽松的退货政策，向消费者传递出产品质量较好的信号。若退货政策较为苛刻，消费者在浏览器上打开一堆页面后，由于比较各种产品信息和顾客评论的工作繁重，令其较难做出产品购买决策；若退货政策较为宽松，消费者仿佛吃了一颗"定心丸"，愿意做出大胆的购买决策。笔者曾询问一家电商领域的企业是否实行延长产品退货时间的策略，该电商回答，目前尚未实行，但若能够通过延长产品的退货时间，给消费者以买得放心的心理感受，从而提升产品购买率的话，则愿意尝试该策略。

二是，延长退货期限，或提供退货运费险[2]，可消除消费者对购买

---

[1] 陈静教授到南京大学访问期间的一个报告中所提及信息。

[2] 在网络购物中，一直存在退货时因谁来承担运费而产生的纠纷或者顾虑，为售后增添了很多不必要的麻烦。华泰保险针对网络交易推出专用保险产品：退货运费险，于2010年11月9日在淘宝网销售。

后后悔的担忧，从而增强消费者的购物欲望。一些企业鼓励消费者一次买下好几件商品，消费者试用后，可以退回不合适的。若退货政策较为苛刻，消费者需要打开一堆网页，比较各种产品的信息和顾客评论，工作量繁重，且往往较难做出产品购买决策。

退货期限长的策略未必意味着会有大量的退货。王湘红和王曦（2009）抽取了淘宝上主营商品为日用品、小家电、厨房用品等的部分店铺共 574869 个订单数据，发现商家承诺的退货天数对消费者退货申请的影响显著为负，说明退货政策越宽松，消费者申请的退货量越少。原因何在？一是，一旦消费者购买并拥有了某种商品，他们对该商品价值的评价会比其未拥有之前大大增加，即禀赋效应会使消费者对已经购买的商品产生额外的效用（Kahneman，Knetsch 和 Thaler，1990）；二是，退货期限越短，消费者越容易采取退货行动。这是因为，任务期限越长，消费者感知目标的难度越大，消费者认为需投入更多的资源，从而放弃目标（Zhu 等，2019）。因此，当商家提供的退货期限越长时，消费者感知退货需要投入的精力和成本越高，反而没有动力去退货了。

● 控制退货成本

消费者能否轻松地获得企业的退货服务因人而异。企业有黑名单，恶意退货次数较多的人会进入黑名单，在黑名单上的人退货有一定的困难。相应的，企业也有白名单。生活在加拿大的陈静教授曾买了一个破冰机，用了 5 个月后，电机出现故障，于是到退货维修点维修该产品，然而工作人员告诉她，可直接退货，全额退款。因为工作人员输入顾客信息后，发现她是一个信用很好的顾客。

不过，消费者可能由于促销加上宽松的退货政策，购买大量不必要的商品。一旦消费者的理性回归后，便大量退货，而这种行为会造成社会资源的浪费。

有时，企业为争取并留住消费者，会在消费者因产品质量问题提出退货要求时，直接给消费者发新货。

笔者的一位朋友在美国访问期间，曾在一家电商平台上花费几十美元购买一个鼠标，使用几天后，她发现鼠标的灵敏度存在问题，希望换货，但想到需要先退货，便觉得麻烦。她的朋友知晓后，建议她给电商平台发邮件说明情况。电商平台在收到徐红利教授有关鼠标存在质量问题的邮件后，并未要求她退货，也未要求她提供相关证明，而是直接邮寄了一个新鼠标给她。这是因为电商平台处理消费者退货的成本较高，考虑到鼠标的进货成本较低，为留住消费者，获得未来潜在收益，当下再给消费者发送一个新鼠标是更好的处理方式。

想修就能修吗

售卖耐用品的企业，如何做可以既不加大企业的售后运营成本，又能提升消费者的购买欲望呢？

● 延长产品保修期

消费者会担心，若是自己买了有故障的产品，那么产品的故障率就是100%，这与人们相信小概率事件会发生在自己身上一样。并且，产品发生故障后，消费者也需花费时间和成本，所以消费者对购买产品略有迟疑。

从消费者的角度看，较长的产品保修期，可激发消费者对耐用品的购买欲望，提高消费者购买产品的可能性。

对企业而言，产品保修成本是保修期内包换新品，或维修旧品所要付出的代价；若企业可将该成本控制在一定范围内，那么延长产品保修期是一个可行方案。

● 缩短产品生命周期 [1]

并非所有消费者都习惯于东西坏了就修，有些消费者是喜新厌旧型的。有些企业洞察到消费者有此心理，便采用计划报废策略，故意制造不耐用产品，迎合消费者的厌旧心理。

苹果手机的消费者可能体会到，更新手机的操作系统后，手机CPU处理器的速度会降下来，这是何故？或许，这是苹果公司助推消费者购买新一代苹果手机的一种策略。

采用计划报废策略的企业，一方面，迎合了具有厌旧心理的消费者需求，却也让那些希望物尽其能的消费者，面对出现故障的产品，无法想修就修；另一方面，企业所培养的消费习惯是东西坏了就重新买，而不是东西坏了就去修。这不禁令人感叹，人类需索无度，是否会耗尽自然资源，最终令人类走向灭亡？

想买就买得放心吗

面对海量购物信息，消费者不知所措，只能借助产品的简要介绍以及已经购买此产品的消费者留下的短评，来推断产品质量。

由于消费者只能获取关于产品的片面信息，这诱发一些企业利用此漏洞售卖伪劣产品。笔者的一位学术界同行，在南京访问期间，到商场购买男式衬衣，试穿完毕、确定尺码后，当下决定购买四五件颜色与花纹各异的衬衣。听闻此，销售员顿时脸色大变，不愿意将衬衣

---

[1] 关于企业对短生命周期产品备货策略的讨论见"3.1 报童备货：最优决策"。

销售给他。为何？因为销售员怀疑他是专业打假人士。

饮食男女，吃饭是天大的事。然而，食品，特别是母婴产品、白酒等，却是伪劣产品的重灾区。2008 年，食用三鹿奶粉的婴儿被发现患有肾结石 [1]；2015 年，雀巢旗下的"美极"方便面在印度被检测出铅含量超标 [2]；2018 年，消费者通过京东自营渠道购买到假茅台 [3]。

市场上存在伪劣产品的原因何在？

一是，反伪劣产品之战实则是对抗人类贪婪本性之战，这并不容易，也不能一蹴而就，而必须持之以恒，战斗不止 [4]。

二是，对政府而言，此事知易行难，如何对企业进行有效的监管呢？以中国和印度两个发展中国家的食品管理为例，食品安全监管的共同点是监管系统分散化，几个部门管不了一头猪，十几个部门管不了一桌菜的"九龙治水"局面难以改变；并且，由于监管系统分散化，各监管部门为最小化自己的管理成本而"搭便车"，导致"懒政"，增加了食品安全事故发生的可能性。

从企业角度，可运用区块链技术记录和验证产品，增加供应链上信息传递和共享的透明度，降低伪劣产品进入销售渠道的可能性。

从政府角度，监管体系需从"九龙治水"转变为"三位一体"。2013 年，国家食品药品监督管理总局挂牌，将食品安全办的职责、食

1　《三鹿为什么敢往奶粉里加三聚氰胺？》，https://www.zhihu.com/question/35688621〔2018-10-02〕。

2　《方便面惹祸雀巢在印度遭巨额索赔》，http://news.163.com/15/0813/02/B0S7LISO00014Q4P.html〔2018-10-02〕。

3　《茅台打假办：购自京东的茅台确属假货》，http://www.xinhuanet.com/fortune/2018-05/16/c_1122838160.htm〔2018-12-08〕。

4　《马云对话美国记者：全程高能，火花四溅》，http://www.iqiyi.com/w_19ruce4dlh.html〔2018-01-01〕。

品药品监管局的职责、质检总局的生产环节食品安全监督管理职责、工商总局的流通环节食品安全监督管理职责整合，新组建的国家食品药品监督管理总局的主要职责是，对生产、流通、消费环节的食品和药品的安全性、有效性实施统一监督管理[1]。

> 面对商家各种促销和优惠活动的诱惑，消费者需思量：想买产品，若不喜欢了，可想退就退吗？想用产品，若产品坏了，可想修就修吗？所买产品存在是假货的隐患，总要无奈接受吗？
>
> 期待未来，消费者的权益不是仅在 3·15 这一日被保障，而是在一年 365 天中的每一日都被保障。

---

1 《食药安全监管：从"九龙治水"到"三位一体"》，http://news.163.com/13/0326/ 08/8QSLTMMI00014JB5.html［2018-10-02］。

1.5　消费的仁心

　　店里人头攒动，显然生意非常红火。经过一圈满挂牛仔裤的架子，他说："你看，这样一条牛仔裤才七欧元，妈，你有没有想过，为什么这么便宜？这条牛仔裤的生产链里，他们剥削了多少人？那个亚洲或者非洲的女工车这样一条裤子，她得到几毛钱？"

　　我停下脚步，回头看他，说："你不进这种平价店买衣服的？"

　　"我不，"他说，"凡是便宜得不合理的东西我都不买，因为不合理的便宜代表在你看不见的地方有人被欺负、被剥削，我不认为我应该支持。"

　　我走出服饰店的样子，可能像一只刚刚被训斥了的老狗，眼睛低垂看着自己的爪子。

　　我们没入流动的人潮里，远处教堂的钟声当当响起，惊起一群白鸽突然展翅。大概走了一段路之后，我停下来，说："飞，告诉我，难道，你在买任何一件东西之前，都先去了解这个东西的生产链，然后才决定买不买？"

　　"我尽量啊，"他轻快地说，"当然不可能每一件东西都去做功课，那太累了，但是我觉得如果要让这个世界更合理、更公平，这是每个人的义务啊。难道你不这么做吗？"（龙应台，2018）

阿里巴巴为何要推出"蚂蚁森林"产品？

为何一些消费者并不选择道德行为，甚至还会嘲讽其他消费者？

企业能不"舍己"，却可"为人"吗？

龙应台的儿子具有仁心，购物选择体现出社会责任感。产品价格过低，意味着企业剥削劳工，具有社会责任感的消费者就不愿意买。那么，若产品价格高些，消费者是否就总买账呢？也不是，若产品价格过高，意味着企业剥削消费者，消费者也不愿意购买该产品。

何为社会责任？传统观点将企业承担社会责任归结为道德范畴，这只是最低的"君子"层次，是不够的。更高的两个层次，一是考虑企业的利益相关者，称之为"安人"；二是从社会角度考虑，称之为"安民"（胡奇英，2016）。

消费者愿为仁心埋单

消费者选择购买具有社会责任感产品的动机。

一方面，可能来自自我的仁心诉求。

咖啡消费者越来越关注其所购买咖啡的"道德属性"，即消费者更偏好利润分配较为公平，尤其是种植户获得较大利益的供应链所提供的咖啡。这可以从消费过程中的经济效应和交易效应视角解释。通过消费商品进而满足消费者的某种欲望，这是商品的经济效应；但同时，消费者并非完全利己，他也关心供应链中的其他成员，当其他成员能从他的活动中获得效益时，这将给他带来交易效应。

另一方面，也可能因为这是一个在公共场合发生的消费行为，会受到他人目光注视的影响[1]。

譬如，支付宝有一个功能是"蚂蚁森林"，不仅增强了消费者使用支付宝付款的动力，又有利于生态环境保护。消费者通过使用支付宝进行支付等活动，可获得绿色能量，积累一定绿色能量后，可认领一棵树苗，如鄂尔多斯的种植沙柳项目，然后，这棵树苗会真的被种下。消费者使用支付宝种树的热情，远高于现实生活中种树的热情，或许消费者的初衷并非为了环保，而是满足自己的社交需求，但这种社交需求助推了拥有支付宝的阿里巴巴[2]去履行社会责任。

　　无论消费者的善意是主动发生还是被动产生的，只要有助于企业的社会责任行为，就值得鼓励。那么，消费者在表达仁心时，如何看待自己的支出成本及企业的支出成本呢？

　　从消费者角度，消费者的善意可助推企业社会责任行为。日常消费活动中，消费者去超市购买饮料，在货架上看到两款饮料，口味、价格都没什么区别，其中一瓶的包装上赫然写着"每卖出一瓶饮料，企业将向贵州山区午餐计划捐赠1毛钱"。面对此信息，多数消费者会选择买一瓶具有社会责任感的饮料，顺手做个善事。

　　若消费者做善事的成本较高，譬如，有捐赠计划的饮料，比没有捐赠计划的饮料贵了1元钱，毕竟一瓶饮料也就3元左右，此时，消费者还会毫不犹豫地选择这瓶饮料吗？消费者可能会纠结，因为金钱成本的增加，可能会影响消费者对企业社会责任的态度。

1　消费者的消费行为受到他人目光注视的影响并不少见。李纾教授在澳大利亚新南威尔士大学攻读博士学位期间，需要购买打印纸，最初他购买的是非再生打印纸，又光洁又便宜；逐渐地，他发现周围多数朋友购买的是再生打印纸，纸张颜色不是那么漂亮且价格较贵，受此影响，学生时代的李纾教授也改为购买再生打印纸。

2　高人数和低金额的特征展现了互联网平台的聚合力、大众参与性（Candelon等，2016）。2014年，2.13亿阿里用户通过阿里巴巴公益平台做出了超过11.1亿次善举，单次捐款额平均为0.25元，这些"活雷锋"们手拉手，可绕地球5圈。

消费者如何看待企业做善事的成本支出呢？生活中经常有这样的现象，企业会标明消费者每购买一单位商品，他们将把一定比例的收入捐给慈善机构。那么，这种机制下消费者会有什么样的反应呢？

Jung 等（2017）进行了两项消费者选择性定价下慷慨行为的现场试验，研究在共担社会责任时，如果消费者知道他们支出的一部分款项将要用作慈善资金，消费者会选择付出多少钱。试验中，消费者对资金是否用作慈善很敏感；然而，消费者对资金用作慈善的比例并不敏感，当 99% 的款项用作慈善时，他们仅比 1% 的款项用作慈善的情况下多付出一点儿。

消费者对企业社会责任感的关注度

现实中，并非所有消费者都能在看到产品价格过低时，联想到劳工剥削；看到企业股价上涨时，联想到战争；看到价格过高时，联想到自己处于弱势地位，并据此做出不购买的决策。

● 一些消费者购物时首先考虑的仍是产品本身

消费者可能兴致盎然地欣赏着款式新颖的服饰，根本无暇顾及这些产品从哪里来。

笔者的一位朋友在美国访问期间，恰巧遇上人们抵制 A&F[1] 品牌的衣服，因为该品牌只卖给身材好的人，引发对胖人的歧视[2]。朋

1　A&F（Abercrombie & Fitch），1892 年创立于纽约，是在美国青少年心目中极富影响力的超流行服饰品牌。

2　A&F 的 CEO 麦克·杰弗瑞斯（Mike Jeffries）在一段影片中宣称，A&F 不会卖大尺码衣服，因为不想让肥胖的女性穿着自己品牌的服装。资料来源于 http://www.linkshop.com.cn/web/archives/2013/254104.shtml［2018-06-29］。

友被询问是否愿意在抵制该品牌的倡议上签字，从此不购买该品牌的衣服。朋友当时认为这个品牌确实做得不对，便签署了该倡议。但此后不久，朋友不经意间逛进了该品牌的商店，随后拎着大包小包的衣物出来了。

朋友签署抵制倡议，说明她在意企业的社会责任感行为；但是后来她又购买了该品牌产品，意味着产品本身对她的吸引力战胜了她对企业不具有社会责任感行为的反感。这或许是因为朋友对企业社会责任的关注度并没有那么高，如果朋友是一个强烈反对身材歧视的人，那么 A&F 就再难用产品挽回朋友的购买欲望了。

● 消费者愿意了解却不刻意关注企业的社会责任感

譬如，询问消费者购买牛仔裤时希望得到哪些信息？若规定消费者只能得到价格、款式、洗涤要求及牛仔裤在生产中是否雇用童工四种信息中的两种，那些没有选择童工行为信息的消费者会被追问，如何看待那些选择该信息的消费者。这部分消费者嘲讽选择童工行为信息的消费者为"空想社会改良家"；并且，对他们的正向特征，譬如魅力和格调评分很低，而对他们的负向特征，譬如古怪和无趣评分却很高（Zane，Irwin 和 Reczek，2016）。

不过，研究问卷和实际情况可能存在差异。当研究者给出有关童工行为的选项后，实验中作为消费者的被试可能才会意识到童工行为；现实中，消费者不太可能主动考虑此因素。对企业而言，若要展现自己以符合道德标准的方式生产产品，可在产品包装上突出这一信息，方便消费者获取，助推消费者购买。企业可能不会把不使用童工的信息放在产品外包装上，因为企业使用童工违反法律，是一个"减分项"。若企业社会责任表现为是否捐款，企业不向社会捐赠是默认状态，而向社会捐赠则是一个"加分项"，那么企业有动机将这一类"加分项"

信息印刷在产品外包装上。

那么，为何一些消费者自己不选择企业有关道德行为的信息，还要嘲讽其他消费者？

一是，多数消费者还是关心企业道德的，只是关注度不那么高，当能获取的信息数量被限制在两个时，与社会责任相关的信息就被排除在外。

二是，人性所致，一些人的首要倾向是与他人比较。如果他看到某人在某些方面比自己强，比如道德方面，他会觉得受到了威胁，从而感觉自己很糟糕；那么克服这种消极情绪的方法之一是，去诋毁这么做的人。企业发展到一定规模后，需要承担一些社会捐赠的责任，否则社会舆论会谴责企业不积极的慈善行为，虽然这有道德绑架之嫌。

企业展现其社会责任的策略[1]

迫于短期盈利压力，企业起初履行社会责任的决策，往往一步步沦为单纯的公益愿景。比如，阿里巴巴的"蚂蚁森林"项目，与阿里巴巴的主营业务不存在直接相关性，该商业模式的可持续性有待时间检验。

这是为何？弗里德曼曾列举四种效率递减的花钱模式：第一种，花自己的钱替自己办事；第二种，花自己的钱替别人办事；第三种，花别人的钱替自己办事；第四种，花别人的钱替别人办事。

企业家是股东的代理人，所以必须尽忠职守，不负重托，通过提供产品和服务，尽量为股东赚钱。企业家无权拿股东的钱去回报社会，

---

1 关于企业利用运营方式增加消费需求的更多讨论见"2.5 运营方式影响需求"。

否则就是盗窃。从企业的角度，承担社会责任的举措看似提高了企业的运营成本，其实不然。

在选择社会责任子领域时，企业最好选择与提高企业运营能力相关的领域。

对企业而言，若能够花自己的钱，既替自己办事，也替别人办事，岂不是一举两得？笔者曾访问滴滴出行公司，了解到滴滴出行在赋能社会领域，做出了一些努力，包括为出行不便的老人和婴孩提供特殊的车型、为有听力障碍的人士提供做滴滴出行司机的就业机会等。

对消费者而言，在评价一个企业时，消费者会考虑企业的文化、氛围、价值观、竞争地位、产品质量等。这些特征可被分为两大类：企业能力和企业社会责任（Brown 和 Dacin，1997）。然而，若企业对社会责任的投入，是以企业主营业务能力降低为代价的，那么消费者就倾向于不购买企业产品。

> 善意的消费者或拒绝消费不具有社会责任感企业的产品，或主动施压于不具有社会责任感的企业，这使得越来越多的企业开始或主动或被动地关注社会责任感；那么，企业如何在不"舍己"或少"舍己"的前提下，承担社会责任，主动"为人"呢，对企业而言，这是一项任重而道远的任务。

1.6 消费的社交属性

桃桃妈妈："在小红书 APP 上为 1 岁女儿购买奶瓶消毒器，品牌多样，不知如何选，只能选'网红'款。"

赢豫："'网红'款是社交网络效应的产物。"

桃桃妈妈："买了'网红'款产品，也不知道其质量如何。"

赢豫："当人们之间的社交网络效应较小时，市场需求是可预测的；当社交网络效应较大时，需求集中在一个产品上，即存在一个赢家，任何产品皆可成为赢家，这时候运气格外重要。"

桃桃妈妈："社交网络是宝藏，还是陷阱，全在企业的一念之间。"

粉丝量等价于影响力吗？

高质量品牌会砸钱买流量吗？

"低价引流，高价获利"策略何时可行？

拥有明星代言的企业总能高枕无忧吗？

在"小红书"上售卖产品的企业，借助消费者的社交属性来营销产品。对这类企业而言，当社交网络效应较小时，产品质量更能影响消费者的购买行为，市场中出现少品类、高质量的产品组合；当社交网络效应较大时，产品质量对消费者的购买行为影响变小，最终的均衡市场中，任意一种产品都有可能成为赢家，市场中存在多品类、低质量的产品组合（Feng 和 Hu，2017）。这么想来，"网红"款的产品质量未必如商家宣传得那般好。

社交网络中决策者间彼此影响的程度不同。根据是否有影响力，可将决策者分为"有影响力者"和"无影响力者"；根据是否容易被影响，又可将决策者分为"易受影响者"和"不易受影响者"。

寻找有影响力者的办法之一是，找到连接边最多的人，也就是和他人建立联系最多的人。体现在微博上是粉丝量，一个人的粉丝越多，他往往越能影响粉丝的购买行为。

企业可根据消费者所处的社交网络结构，来预测各个消费者的购物行为，并进一步预测企业的未来需求。方晓教授通过 34797 位用户一年内共计 1470 多万条通信记录，了解这些用户中哪些人已经购买了产品，哪些人没有购买产品，以及这些用户的年龄、性别等属性。以星期为单位，构造了 52 个社交网络。在这些社交网络中，每个手机用户是一个节点，节点间社交关系的强弱，由两者之间打电话的时间长短来衡量。一般情况下，关系越亲密，通话时间也相对较长。然后，方晓教授对那些本周没有购买产品的消费者，根据他们所处的社交网络，高效地预测了他们下周购买产品的可能性[1]。

产品质量与社交网络属性

当消费者对产品的质量不够了解，或者不确定自己购买后是否满意时，他们会求助于社交网络，以预判产品的期望效用。在消费产品后，一些消费者会在社交网络上分享自己的使用感受，在朋友圈发表自己的体验，从而影响自己和他人以后的购买决策。影响他人或被他人影响的这种行为，虽有些不理智，却说明，由于社交网络的存在，社交属性变成了产品的一个重要属性。

一些年轻女士在购物之后，喜欢晒购物成果，"小红书"为她们提供了一个平台去展示自己，分享心得，使得产品的社交网络属性影响到他人的购买决策。除此之外，"小红书"还邀请一些明星，像邻家女孩一样介绍她们日常生活中用到的护肤品和化妆品，带动其粉丝的消费需求。

借助消费者社交属性售卖产品的电商平台，如"小红书""拼多多"等，将消费者拉入平台，让每位消费者成为产品推广的节点，通过社交关系向周围朋友扩散产品信息，这样一来，消费者被社交网络连在一起，形成一张紧密的产品销售网络。

何为紧密的产品销售网络？当消费者考虑是否购买产品时，相对于来自陌生人或电商平台的页面推荐，如果该产品是由其朋友推荐的，则他/她更有可能购买产品；这样，他/她所在的朋友圈就形成了紧

1　此研究是方晓教授在"社交网络背景下的运作与营销国际研讨会"（2018年6月23～24日，南京财经大学）上的报告内容。

密的产品销售网络。

不仅普通人受社交网络效应影响，专业人士亦复如是。若一位医生认识的其他医生使用糖尿病药物 Januvia，那么他给病人开 Januvia 的可能性就会提升，这种影响甚至可扩展到三层关系网。反过来，社交网络的影响也会让医生不使用某种药物。在市场上出现某种仿制药物之后，辉瑞的降胆固醇药物利普妥销量陡降，互相认识的医生几乎同时更改处方（Miller 和 Christakis，2011）。因此，医药代表会重视那些有影响力的医生，一旦让他们接受了某款药物，就能通过他们的影响力去影响其他医生，从而卖出更多药品。

如果社交网络中有两位有影响力的医生，两位医生都会影响其他医生开具处方的决策。当两位医生之间没有直接联系，但一位医生使用新药而另一位医生不用新药时，其他医生会认为使用新药的医生更值得信赖，从而更愿意接受使用新药的医生的建议，并最终促使另一位有影响力的医生也采纳新药。

或是说，当新药质量不明朗时，医生间的社交网络效应会影响彼此开具处方的决策。

企业要想获得消费者在社交网络中的数据，需要付出一定的成本。既然要花费成本，企业就要研究社交网络数据的价值，考虑是否值得投资。

渗透定价与社交网络效应

社交网络的出现，加强了消费者之间的网络外部性，使渗透定价策略变得更为普遍。

● 渗透定价策略

该策略是指，企业以一个较低的产品售价进入市场，牺牲产品的高毛利润率，以期获得较高的销售量及市场占有率，进而利用生产规模优势，不断降低产品的生产成本和售价。

为何社交网络令企业的渗透定价策略更为普遍呢？因为，一旦企业获知"谁能影响谁"，企业就能采用渗透定价方法，差异化对待消费者。

譬如，奢侈品公司通过让名流几乎免费使用产品的方法，吸引普通消费者以高价购买产品。奢侈品公司对产品的定价分为三个部分：第一部分是在没有社交网络信息时的定价；第二部分是消费者为他们的"易受影响"而支付的溢价；第三部分是消费者因其对他人消费的"影响力"而享有的价格优惠（Fainmesser 和 Galeotti，2016）。那么，名流使用该产品所支付的费用为，第一部分减去第三部分；而普通消费者使用该产品所支付的费用为，第一部分加上第二部分。

若企业不利用社交网络效应推广产品，那么，新产品需求量的变动，从时间维度上看是一条 S 形曲线，这又被称为新产品扩散模型（Bass，1969）[1]。为何新产品的需求量随着时间的变动呈 S 形呢？这是因为，产品都会经历启动阶段、成长阶段、成熟阶段和衰退阶段。

该 S 形曲线存在一个阈值，当消费者数量达到这个阈值之前，新消费者加入意愿很低，产品销量增长缓慢；消费者数量一旦突破这个阈值，就开始急剧上升。

---

1 Bass（1969）认为，在给定时间 t，（采用者数量占总的潜在采用者数量比例）与（市场上未采用者的比例）之比，是市场上累积已采用者数量的线性函数，即 $\frac{f(t)}{1-F(t)} = p + \frac{q}{M}A(t)$。其中，$M$ 为市场总潜力（最终采用者总数），p 为创新参数，q 为模仿参数，$f(t)$ 为在时间 t 的采用者数量占总的潜在采用者数量比例的概率密度函数，$F(t)$ 为到时间 t 采用者的累计比例，$A(t)$ 为到时间 t 累积采用者数量。

● 渗透定价增强社交网络属性

企业利用社交网络效应推广产品时，借助渗透定价策略，用一个较低价格，让产品在销售初期可迅速积累消费者数量，突破此阈值，然后在产品销量起飞阶段，用一个较高的价格收回最初的成本。

利用社交网络效应定价的企业，需要避免一种"陷阱"。那些具有较高社交网络效应的消费者，往往经济条件也比较优越。他们往往追求品质，对价格的敏感度不高。因此，吸引他们的往往是产品质量而非低价格。一旦企业因低价而向消费者提供低质量产品或劣质服务，这些高质消费者就会避而远之，更不会为企业产品做宣传；同时，企业吸引到的往往是对质量要求不高的低端消费者。特别地，当消费者反向塑造并固化了品牌形象时，若企业再试图提高产品价格和提升品牌形象，就难上加难。

多数企业不知道如何利用社交媒体的力量，也没有掌握社交媒体影响产品选择、销量以及利润的规律。这很可能让企业在社交网络信息上投资很多却收效甚微，还会影响企业在其他方面的表现。

总的说来，尽管社交媒体的力量不容小觑，在当下通过社交网络信息也可实现短期的高曝光率和热度。但是这种现状究竟是"开辟新天地"还是"如梦幻泡影"，就要看企业的硬实力了。只有合理利用社交媒体，掌握社交媒体影响产品选择、销量及利润的规律，坚持打造高品质产品，方能不让流量如泡沫般消失。

对企业而言，投入多少在社交网络信息上，是一个需要深思熟虑的问题，这不仅影响当期成本，更决定了未来收益和企业在其他方面的表现。

第 （二） 章

需求管理

——先预测再增强

CHAPTER
2

Demand Management:
From Forecasting to Enhancement

2.1 因果预测模型构建

夏秋妹："一家共享单车企业的管理者问及，在暴风雨即将来临之际，单车的需求量会增大还是减小？单车调度人员认为单车需求量会减小，因为风大、雨大，人们不便骑行单车；而根据共享单车管理平台的算法预测，单车需求量会增大，因为天气恶劣，出门在外的人们希望尽早回家。实际中发现，单车需求量是增大的。那么，当人们做出的需求预测与基于算法做出的需求预测不一致时，怎么办？"

赢豫："基于算法做出的需求预测，借助历史数据，将看似不可能的因果关系揭示出来。当人们对需求进行预测时，可仔细地观察世界，不放过任何细节，体现出人的洞察力，捕捉到算法无法估计到的重要因素，具有算法难以企及的优势。共享单车企业若能将两者有机地结合在一起，可提高需求预测的准确度。"

夏秋妹："人类需广泛阅读预测对象所在行业的背景资料，并具备非结构化思维能力，将看似不相关的因素联系在一起，方能在预测中体现出人的洞察力。"

如何为欲言又止的"果"找个替身？

如何架起由因及果的那座"桥"？

"因"与"果"之间的关系也能被调节？

面对特殊情况，共享单车的调度决策者无法依据历史销售数据，预测未来需求，只能利用一些需求的属性，做出判断与决策。

类似决策情景也出现在企业售卖新产品的决策过程中。当没有历史销售数据时，决策者可根据产品特征，利用相关产品的销售数据预测。

Ferreira 等（2016b）以 Rue La La 为例，研究了"闪电"售卖新品服装中的需求预测。"闪电"售卖是限时抢购打折产品的一种销售方式。

预测者根据以往经验及与销售人员的沟通，将曾售卖过的类似服饰的重要属性，如产品属性、价格属性等剥离出来，按照属性的重要程度，画出了树状图。将最重要的属性——价格画在树状图顶端，向下划分为相对价格，树状图的底端是需求量。对新品服饰而言，即使没有以往的销售数据，也可借助类似服饰的销售情况，预测需求。

决策者为何能依赖产品的不同属性做需求预测呢？这是因为，消费者在购物时，是按照某种顺序，分析产品的多个属性，以判断该产品是否满足预期。例如，消费者会观察产品的价格、销量、评论等信息，进而做出判断。不同的消费者会对这些线索设定不同的判断标准。其中一种判断标准是阈值推断，当决策者需要比较 A 和 B 两种产品时，会首先选定一些属性作为比较线索，这些线索有事先设定的检验顺序，一旦两种产品在某个属性线索上的差异足够显著，也即超出预先设置的阈值，则得出比较结果；否则，继续比较下一条线索（Tversky，1969）。

上述判断与决策的思想是为购买产品的"果"寻找购买行为的"因"。

构建因与果的关系[1]

● 因与果关系构建的"基石"

一是，这类因果关系存在于相关文献中。首先，如果不引用一些高度相关的论文，读者就会质疑文章的价值。即便引用了相关论文，研究这还需将相关论文中因果关系的理论叙述融入自己的解释逻辑中，建立起自己的这个"架空"的因果关系，与已有研究的联系。

二是，管理者需建立一个清晰且有逻辑性的论证，使他人能更好地理解其中的因果关系。一个高度相关的因果关系需提供能证明与因果关系相吻合的证据，即如果该因果关系在已有研究中出现，那么它也应该适用于目前的情况；此外，可利用多种因果关系来解释问题背后的逻辑，不同因果关系可对问题的解决给出不同角度的见解。

何为逻辑性？逻辑性是决策者自己遇到诸多挑战后，从被动地描述问题，到主动地预测发展趋势，再给出解决方案的一种思考过程。

校读至此，胡奇英教授认为，逻辑是规律，能为一个问题找到规律，就说明其中存在逻辑性。那么，何为规律？所谓规律是指能够借此解释去所发生的现象，更能预测未来，并为未来变化做好准备。当然，这个预测需要被验证，通过验证才能说明所找到的规律是真的，实践是检验真理的标准。一个人的言谈是否有逻辑，找到的规律是否成立，是否是真的规律，他人一听就明白。

---

1 关于评判因果关系质量的讨论见"2.2 因果预测模型质量的评判"。

依笔者体会，管理决策领域的逻辑性，一是可用数学语言部分地表达出来；二是只靠数学语言不够，因为管理世界没有类似于牛顿定律的不变规律，需要人的创造性思维。在此，笔者想表达的因果关系中的逻辑性，是指可通过建模，基于历史数据，利用统计方法研究多个变量之间的关系，通过相关性分析来得到与因变量显著相关的自变量。

● 因与果关系构建过程的"陷阱"

一是，碎片化的理论。当决策者拥有一个具有多个因果关系假设的模型时，就暗含了碎片化的理论，在这个因果关系假设中，每一个链条都由不同理论所绘制的逻辑支持，可能混淆不同的理论，导致逻辑链条冗杂。

二是，过于显而易见。如果因果关系的假设给读者一种一窥即知所以然的感觉，那么读者会怀疑因果关系假设的价值。

三是，因果倒置。一个原本应该成为原因的变量，决策者却将其表达为结果；反之亦然。

四是，互为因果。自变量与因变量间互为解释。

为欲言又止的"果"找"替身"

得到了因变量和自变量之间的关系，进一步地，需要定量刻画其关系，也就是建立模型，描述因变量如何随自变量变化。然而，当决策者探求到所要解决问题中的因与果关系后，可能会发现，他们无法直接获取关于"果"的信息。该如何应对呢？

比如，2007 年，时任辽宁省委书记的李克强，利用新增工业用电量、新增铁路货运量和新增银行中长期贷款三个指标分析当时辽宁省经济状况。这三个经济指标的结合被称为克强指数，其更能反映中国经济的实际状况。克强指数之所以得到广泛的认可，是因为克强指数的计算规避了经济数据中很多扭曲的信息所带来的影响。

克强指数为何能够避免扭曲的信息呢？这可从利用克强指数探究企业经营状态的角度阐述。李纾教授和同事借鉴克强指数的理念衡量企业的经营状况，在广州某工业园区内收集企业用电、用水的数据。这样做的原因之一是，企业在报税时，可能会艺术化地处理财务数据；而企业的用水、用电等经营成本却能比较客观地反映出企业的经营状况。

中介变量：由因及果的一架"桥"

两个原本看起来关系不大，或不相关的变量，却具有显著的相关性，只是这种现象表面上难以解释，此时通常会引入一架"桥"——中介变量。

中介变量介于自变量和因变量之间。当满足下列条件时，中介变量即存在：首先，自变量的变化显著地解释了中介变量的变化；其次，中介变量的变化显著地解释了因变量的变化；最后，当控制了前两个影响时，因变量和自变量的相关性显著降低（陈晓萍等，2008）。

中介变量代表了一种生成机制，通过这个变量可影响所感兴趣的因变量（Baron 和 Kenny，1986）。譬如，考虑自变量 X 对因变量 Y 的影响，如果 X 通过影响变量 M，而对 Y 产生影响，则称 M 为中介变量。

中介变量并不是凭空产生的，通常有相关理论的逻辑推导作为研究的基础，然后用数据分析证明确实存在中介变量。

譬如，探究天气数据与葡萄酒的价格数据之间的因果关系。欧洲原产地葡萄酒的出产需要经历近两年的窖藏，酒庄为加快资金回笼，往往会提前一年将还没发酵好的葡萄酒对外预售，这种以期货形式出售的葡萄酒被定义为期酒。研究者以波尔多地区的44种葡萄酒为样本，在葡萄酒数据平台 Liv-ex 上获取 2006～2010 年酿造的 44 种葡萄酒上市酒的价格，以及 2007～2011 年酿造的 44 种葡萄酒期酒的交易价格；与此同时，从 TuTiempo.net 平台上获取 2006～2012 年葡萄生长周期内的温度，及 2008～2012 年葡萄酒数据平台 Liv-ex 上的葡萄酒交易指数 Liv-ex 100（Liv-ex 100 指数可反映葡萄酒交易市场的走势）。以葡萄生长周期内的温度差异和葡萄酒交易指数 Liv-ex 100 为解释变量，即自变量；以不同时期成品酒和期酒的交易价格差异为被解释变量，即因变量。

夏日温度上升能提高期酒的交易价格，但是对成品酒的交易价格没有影响。表面上，温度数据和期酒的交易价格并没有因果关系，但是温度高低会影响葡萄的质量，葡萄质量又影响葡萄酒价格。葡萄质量作为中介变量，使得温度数据与葡萄酒价格数据之间的因果性更加合理。这是因为，夏日温度上升有助于葡萄的生长，葡萄质量的提高则有助于提高期酒的交易价格（Hekimoğlu，Kazaz 和 Webster，2017）。

调节变量：因与果之间的"调节器"

调节变量影响自变量和因变量之间关系的方向或强弱。

例如，企业的运营决策影响投资者的决策，而投资者的决策影响企业的股票价值，企业的股票价值反映为企业在投资市场上的短期价值。

企业的运营能力之一——供需匹配，可反映企业股票的价值。从收益角度，供需不匹配导致销售机会的损失和市场份额的减少，库存过多会迫使企业降价出售产品。从成本角度，供需不匹配导致更高的运输成本、库存持有成本、附加交易成本、消费者不满意带来的惩罚成本等。

企业所面临的需求不确定性较高时，意味着企业面临的风险较高，会引起企业的股票价值下跌；如果企业的供需匹配能力较强，即使需求不确定性高，企业的股票价值也不会下跌，或者说，企业的供需匹配能力抑制了需求不确定性对企业股票价值的负面影响。此处，企业的供需匹配能力是调节变量，而企业面临的需求不确定性为因，企业的股票价格走势为果。

相较于发展平稳的企业，供需不匹配对迅速发展的企业的负面影响尤甚。企业的成长前景取决于其产品特征、产品与市场的关系，以及整个行业的前景。成长潜力高的产品通常生命周期短、边际收益高、配送时间短。这样的产品特征导致其对企业运营能力的依赖性较高，供需不匹配直接导致企业收益降低。间接影响在于，对高成长性的产品而言，消费者的忠诚度尚未建立，也没有耐心去等待长时间的配送。因此，一旦供需不匹配，企业会失去消费者群体。

总的说来，调节变量是影响自变量和因变量的方向、强度的定性或定量变量，从统计学上看，当调节变量和自变量的交互项对因变量的影响很显著时，调节变量即存在。

在因果框架下做预测时，决策者需要依据一定的逻辑性，确定因变量和自变量。有时，需要对难以直接测量的"果"寻找替身，需要在"因"与"果"之间搭建桥梁，探究中介变量；又需要考虑"因"与"果"之外的调节变量。

2.2　因果预测模型质量的评判

刘帆教授："企业做需求预测，可以从时间序列视角做预测，也可以从相关性关系视角做预测。变量之间存在相关性，不一定存在因果性。"

赢豫："若能分辨出其中的因果性关系，可为企业增加需求提供决策依据。"

刘帆教授："我曾帮助一家运营销售盒饭的自动贩卖机的企业做需求预测。企业提供的数据包括以数字形式记录在案的历史销售量，以及以视频形式记录在案的顾客购买过程。"

赢豫："利用历史销售量的数据，企业可以采用时间序列方法，预测需求，为企业的补货策略提供决策依据；利用消费者购买过程的视频信息，企业可以探究出哪些因素影响了消费者的当场购买行为，从而持续改善，增加销售量。"

刘帆教授："通过观察消费者购买过程的视频信息，可发现影响销售量的'因'。"

赢豫："发现并建立因果关系后，很难说明，模型是否能够反映真实情况，以及建立的模型是否正确。"

同一个"果"有取不尽的"因",如何取舍"因"?

偏差与方差如何互相制衡?

赢豫与刘帆教授讨论的决策情景是,无论采用何种方式分析管理现象中存在的因果关系,决策者都想对繁杂的管理现象给出一种基于因果关系的逻辑性解释[1]。

如何检测所构建的因果关系,避免过度拟合或拟合不足呢?有如下策略。

把握全面与精准

能够解释因变量的原因很多,即自变量很多,究竟找哪些自变量比较合适?越多的自变量就越好吗?这是因果预测法中面临的全面与精准的权衡。

● 自变量不在多而在精

全面是指挖掘更多的原因,即增加自变量的个数;精准是指充分利用已知的原因,即采用尽可能少的自变量。太多的自变量易导致决策者难以抓住问题本质,而太少的自变量又可能令决策者漏掉重要影响因素。

全面与精准的权衡过程是一个数据预选择的过程。该如何进行变量预选择呢?有三种经典方法:前向搜索、后向搜索和双向搜索。

前向搜索方法中,首先对所有变量进行评价,选定最优的作为第

---

[1] 关于因果关系的逻辑性的讨论见"2.1 因果预测模型构建"。

一轮的选择，然后再加入一个变量，使其构成的两变量子集是所有两变量子集中最优的。依次添加变量，直至最优的子集不如上一轮的子集，则停止搜索。

后向搜索从完整的变量集合开始，每次尝试剔除一个无关特征。

双向搜索是将前向和后向搜索结合起来，每一轮逐渐增加选定相关特征，同时减少无关特征。如何评价选取子集的优劣呢？评价标准是子集的存在对数据集的信息增益多少，信息增益越多，说明该变量越有用。

无论采用何种搜索方法来整合多个自变量，探究因变量水平的高与低，其优势是直接地将所有影响因素整合考虑；劣势是较难精确地估计各自变量对因变量的影响程度，且决策者容易选错自变量种类。总之，建模过程需要寻找对因变量具有强解释力的自变量集合，也就是要在全面与精准之间权衡。

● 定量化选择自变量

口说无凭，如何将自变量的选择过程定量化描述呢？

对模型的复杂度进行约束。模型中用到解释变量的个数是模型复杂度的一种体现。Lasso 回归则是一种能够实现指标集合精简的估计方法。Lasso（Least Absolute Shrinkage and Selection Operator，最小绝对值收敛和选择算子，又译套马索算法）是一种同时进行特征选择和正则化的回归分析方法，旨在增强统计模型的预测准确性和可解释性。

Lasso 回归本质上是寻求模型简洁表达的过程，而这种过程可通过权衡一个"损失"＋"惩罚"的函数问题来完成。如何权衡呢？这要从 Lasso 回归为何被称为套马索回归说起。套马索是一种套在马脖子上的东西，草原上牧马人在马匹惊散时用它把奔马套住拉回。

Lasso 回归也是这个意思，目的是让自变量的个数不要太多，或对个别自变量的需求不要太大。

权衡偏差与方差

随机误差不可消除，因此决策者会在偏差与方差之间权衡。何为偏差？偏差度量了模型的预期期望与真实结果的偏离程度，即刻画了预测模型本身的拟合能力。何为方差？方差度量了样本数量相同的数据训练集的变动所导致的模型预测性能的变化，即刻画了数据扰动所造成的影响。

偏差与方差之间存在冲突。当模型过于简单时，数据训练集的改变不会影响模型的效果，此时方差较小，但偏差较大；相反，当模型过于复杂时，其预期期望与真实结果的偏离程度较低，即偏差较小，然而，数据训练集的轻微扰动会使模型结果发生显著变化，即方差很大。

总而言之，企业在因果框架下做预测时，首先，受限于效度约束，因果分析结论依赖于场景，需要谨慎对待其预测结果的普适性；其次，确定合适的自变量的种类尤为关键，需要在全面与精准之间进行权衡；最后，当确定数据纬度后，建立合适的模型进行预测时，需要权衡偏差与方差。

2.3 时间序列需求预测[1]

  刘洋的叔叔经营一家空调零售店。一日，叔叔邀请正在过暑假的刘洋到店里参观，刘洋欣然前往。

  到了店里，刘洋发现叔叔忙得不可开交，因为夏天买空调的消费者较多。不一会儿，叔叔高兴地坐下来休息，说空调全卖完了。

  刘洋："空调卖得这么好，应该多备货，这样赚得更多。"

  叔叔："备货量与往年差不多，有时再根据当下温度的变化调整订购量，没想到今年来买空调的人多了好多，真是又高兴又犯愁。"

---

1 关于需求预测方式的更多讨论见 "2.1 因果预测模型构建"。

能直接用今年春天和夏天的空调销量，预测今年秋天的空调销量吗？
去年冬天跟今年夏天的空调销量，哪个更能预测今年冬天的销量？

距今最近时期的数据是预测中最重要的数据来源。通过收集、整理历史数据，决策者洞察随着时间变化而体现出的事件发展的过程、方向和趋势，并由此预测下个时间节点事件可能达到的水平。这种预测思想是时间序列预测法。

"守正出奇"的时间序列预测

用时间序列方法预测事件，决策者不需要考虑事件中蕴含的因果性；甚至，时间序列预测给出的走势，还可能与决策者的感受不一致。

2003 年，奥伦·埃齐奥尼（Oren Etzioni）准备搭乘从西雅图到洛杉矶的飞机去参加弟弟的婚礼。在他的认知中，飞机票越早预订越便宜，于是他在婚礼前几个月，就预订了一张飞洛杉矶的机票。登机后，奥伦·埃齐奥尼好奇地询问邻座乘客的机票购买价格，得知虽然邻座乘客的机票比他买得晚，票价却比他的便宜时，颇感不平。

对多数人而言，这种被"敲竹杠"的感觉会随着他们走下飞机而消失。然而，奥伦·埃齐奥尼却要刨根问底，2003 年，他成立了FareCast 公司，开发了一个系统，推测当前机票价格是否合理。若机票的平均价格呈下降趋势，系统就建议乘客稍后再购票；反之，若机票的平均价格呈上涨趋势，系统就建议乘客立刻购票（Etzioni 等，2003）。

FareCast 的机票价格预测系统，是通过抓取旅游网站、航班关键软件供应商 ITA 前一个月左右的机票价格历史数据，建立机票价格预测系统。2008 年，微软以 1.15 亿美元收购 FareCast；2014 年，因提供机票价格数据的 ITA 被谷歌收购，微软不愿向谷歌购买数据，而不得不关闭 FareCast 的机票价格预测功能。

　　FareCast 的机票价格预测理念是基于时间序列，而不关注何种因素影响了机票价格的未来走势。该理念还被应用到了宾馆预订、二手车购买、网上购物等方面，只要这些领域的产品差异度不大但存在大幅度的价格差，就可应用此技术。2011 年 6 月，奥伦·埃齐奥尼创立了 Decide.com，用于预测何时商品的网购价格最低。消费者登录 Decide.com，在搜索框中输入拟购买商品，Decide.com 给消费者返回立刻或稍后购买的建议。2013 年 9 月，eBay 收购 Decide.com，部分地证明了预测商品价格一事是有价值的。

时间序列预测的方法

　　应用最广泛的时间序列预测法是加权平均法。直观方法是预测加上部分偏差，部分偏差是上一次预测和实际需求值之间的差异值与平滑系数的乘积[1]。

● 平滑系数的大与小

　　何为平滑系数？平滑系数反映决策者对时间序列里最新观测值所占比重的估量，如果决策者认为最新观测值对预测很有用，则选较大的平滑系数；反之，则选较小的平滑系数。

　　打个比方，平滑系数像是一根弹簧，平滑系数越大，弹簧弹性越

1　第 t 期需求实现值为 D_t，预测值为 F_t，平滑系数为 α，时间序列预测法可表述为 $F_t=F_{t-1}+\alpha(D_{t-1}-F_{t-1})$。

大，预测值受最新观测值影响度较大，预测曲线的波动就越大；相反，平滑系数越小，弹簧弹性越小，预测值受最新观测值影响度越小，预测曲线的波动就越小。

当产品的实际需求平稳，随时间变化幅度不大时，如日用品、食品等，决策者可选较小的平滑系数。在预测过程中，一旦某期决策者观察到一个变化较大的异常值，通过选择一个较小的平滑系数，可以不用过多地考虑此异常值。

当产品的实际需求不断变化时，如空调、电子产品等，可选较大的平滑系数。或是说，决策者通过选择较大的平滑系数，使得预测值紧跟需求变化趋势。

● 季节因子的加与乘

一些产品需求的变化并不是那么平稳，受季节的影响。刘洋叔叔卖的空调，不同季节的需求量不一样，通常是夏天和冬天卖得好。当产品需求随着季节变动时，决策者需要考虑季节因素所带来的影响（Winters，1960）。

进行此类产品需求预测时，基本思路是在平滑系数需求预测曲线中，考虑季节因子的影响。步骤如下。

第一步，将历史需求除以历史季节因子值，得到除去季节因子影响的历史需求，基于该历史需求，采用时间序列，预测除去季节因子影响的新需求。

第二步，对历史季节因子值，采用时间序列，预测新季节因子值。

第三步，用第一步得到的除去季节因子影响的新需求，乘上预测的新季节因子，预测新的需求。

如何获得历史季节因子值呢？决策者拿到历史数据后，通过理解数据所处的商业场景，即数据本身的特点，可做出一个初步的估计。

在处理季节因子的过程中，若季节因子对预测曲线造成很大的波动，那么决策者应选择较大的平滑系数；如果只造成较小的波动，那么决策者应选择较小的平滑系数。

上述处理步骤被称为乘法形式的 Holt-Winter 模型，还有一种加法形式的 Holt-Winter 模型。加法形式与乘法形式的主要不同之处在于，将其中的"除去""乘上"分别替换为"减去""加上"。

决策者究竟选择乘法形式还是加法形式，取决于季节因子对时间序列实际值的影响，若表现为百分比变化水平，则选择乘法形式；若表现为平移变化水平，则选择加法形式。是否存在一个理论，决策者可以依据，从而做出乘法或是加法形式的选择呢？刘帆教授的回答是，或许不存在。

预测时间的长与短

长期预测是对未来若干年的趋势预测，难以定量地表达出这么长时间后一个准确的预测信息，即使有也常存在很大的不确定性，所以长期预测更多的是用描述性的语言进行一个趋势判断。

而短期预测恰恰相反，其要求预测的准确性，可为下一个短期阶段进行决策指导，所以短期预测更多的是得到准确量。

譬如，零售商在商品推销职能中创建单独的采购和计划部门。采购部门会倾向于关注长期决策，而计划部门倾向于看关键绩效指标等短期结果数据，并做出详细决策，如商店中有多少特定品类。或是说，采购部门倾向于依赖直觉，而计划部门倾向于强调对历史销售数据的详细分析。

企业不同层次的管理者对预测时间长短的把握也不同。企业的短期预测好比"嘴里嚼一个",企业需关注当下,思考在当下能为未来做什么;企业的长期预测好比"筷子夹一个、眼睛盯一个",企业放眼未来,将未来的需求转化为当下的决策。企业需将长期和短期预测相结合。如何结合呢?笔者也不知。

从适应性预期到理性预期

时间序列需求预测运用变量的过去记录去预测未来,是采取反复检验和修订、试错方式,使预测结果逐渐符合实际的过程,该方法也被称为适应性预期。

当产品历史价格较高时,预测价格也会较高,这就使得产品供应量增加,最终会导致均衡价格较低。Muth(1961)提出理性预期,即决策者会对现有信息进行充分加工,得到有关变量的预测。或是说,决策者在对未来的事件做出预期时,不但要考虑过去,还要估计现在的事件对未来的影响,并且根据所得到的预测结果改变他们的行为。

在理性预期的思维框架下,决策者进行当前决策时,所预料未来可能发生的情况极有可能符合未来的情况,即对变量的预期等于其事后的实际均值。

相对于适应性预期决策者,理性预期决策者往前多想一步。比如,农民想到去年农产品的价格很高,采用适应性预期,预测今年农产品的价格也会很高,于是增加农产品种植量;采用理性预期,再想到如果增加农产品种植量,价格会降低,那么农民就不会增加太多的农产品种植量,依此类推,最后达到一个均衡状态。

理性预期的核心在于人在决策过程中是理性的,从长期来看,最后均衡状态下的预期会与真实的结果保持一致。校读至此,张盛浩教授评论道："在预测中考虑相关预测者的博弈，预测者能够自我实现预测的目标，跟算命一样。"

回到刘洋叔叔关于空调需求量的预测决策中，一方面，他可依据时间序列预测方法，判断空调的未来需求量；另一方面，他还要借助多年的销售经验，考虑时间序列预测过程中所采取行动产生的理性预期的结果，再对未来需求量的预测做出调整。

2.4 需求预测与满足

　　赢豫："面对各异的消费者，企业如何确定产品价格？"

　　胡震禹教授："测量个体消费者效用的经典模型是逻辑选择模型，但经典的逻辑选择模型不考虑消费者效用异质性。如果不考虑消费者效用的异质性，决策者有可能错误估计需求价格弹性系数。"

　　赢豫："企业厘清消费者效用的异质性与需求价格弹性系数之间的关系，方能对需求做出正确预测。"

　　胡震禹教授："可采用支付意愿效用函数方式，借助不同支付意愿消费者的分布特征，刻画消费者效用的异质性；进而，探究需求价格弹性系数。"

　　赢豫："若企业错误估计了需求价格弹性系数，则会导致错误的定价策略，进而导致利润的损失。"

　　胡震禹教授："若消费者对降价更敏感，企业的最优定价策略是，周期性的多层次打折策略；反之，若消费者对升价更敏感，企业的最优定价策略是，保持产品价格不变。"

企业应该采取统一定价，还是动态调价策略？

企业应该提供多少品类产品？

企业如何制定"千人千面"定价与推荐策略？

价格波动影响消费者做出购买或不购买的决策，从而影响市场需求大小，这就是需求价格弹性系数的大与小。

需求价格弹性是一个系数，是指需求量变动的百分比除以价格变动的百分比。读者可能会奇怪，为何会用两者的百分比做比较？其实，今天看起来很简洁的系数，在当年，为寻觅到，学者颇费功夫。1881 年底，马歇尔在西西里岛度假时，灵光一现，构造了需求价格弹性系数。

产品的需求价格弹性到底多大？这看起来是个书本上的概念，其实是个活生生的现实问题。

区分大类消费者：价格调整视角

当给定品类后，企业依市场需求特征，可以采取统一定价或动态调价方式售卖产品。

● 市场需求特征

市场需求由形形色色的消费者组成，消费者对于价格变动具有非对称性，即对涨价的敏感程度大于对降价的敏感程度。如果产品价格下降一点，消费者会多买些产品；如果产品价格上涨一点，消费者会有一种"噢，不！"的感觉，会少买产品，为何？对消费者来说，涨价是一种损失，而降价或打折是一种收益，消费者对损失反应的敏感度较大。

当市场需求主要由高价值消费者构成时，企业提高产品价格对需求变化的影响大；当市场需求主要由低价值消费者构成时，企业降低产品价格对需求变化的影响大。或是说，企业的需求价格弹性系数不是一个常数。

为何？可能的原因是，如果市场中高支付意愿消费者较多，不管企业是否降低产品价格，消费者都会买，但企业提高产品价格，可能令一些消费者买不起产品了，所以，企业提高产品价格对需求变化影响大。如果市场中低支付意愿消费者较多，会有较多消费者原来买不起产品，一听到企业降低了产品价格，就会去买了；若企业提高产品价格，那些原来买不起产品的消费者还是不会买，由于原来买不起的消费者占多数，所以，企业降低价格对需求变化影响大（Hu 和 Nasiry，2018）。

Hu 和 Nasiry（2018）的作者之一，胡震禹教授言，若在经典的逻辑选择模型中，考虑消费者效用异质性的模型，即为混合逻辑选择模型（mixed logit choice model）（McFadden 和 Train，2000），决策者很难测量其中的消费者效用异质性。据此，Hu 和 Nasiry（2018）采用支付意愿效用函数方式，借助不同支付意愿消费者的分布特征，刻画了消费者效用的异质性，阐述了消费者效用异质性与需求价格弹性系数之间的关系。

● **依据市场需求特征确定定价策略**

这给企业决策者的启示是什么呢？市场需求是对涨价更敏感，还是对降价更敏感，导致企业完全不同的最优定价策略。

若消费者对涨价更敏感，企业的最优定价策略是，保持产品价格不变，即统一定价或天天低价（Every Day Low Price）策略。一些零售商，包括沃尔玛，Aldi（德国最大的连锁超市），Trader Joe's 等零售企业，已经接受了天天低价策略。其中，沃尔玛几十年一直采用"始终低价"策略，建立起了商业帝国。

若消费者对降价更敏感，企业的最优定价策略是，周期性的多层次打折策略（Hu，Chen 和 Hu，2016）。

胡震禹教授解释到，企业的周期性多层次打折策略类似于，第一周，企业确定一个产品基准价格；第二周，在基准价格基础上打 9 折；第三周，在基准价格基础上打 8 折；到了第四周，产品定价再回到基准价格；周而复始。不同于只有两个价格的高低价格策略，采取周期性多层次打折策略的企业，制定的产品价格折扣有多个层次，譬如 9 折、8 折等，定价策略更加细致。两类动态调价策略的相同之处在于，企业都在权衡当下的利润与未来的利润。

若企业错误估计了价格敏感的方向，会导致错误的定价策略，进而损失利润。

葛冬冬教授曾为某电商企业做咨询，他面临的问题是，如何对圣诞节装饰用品定价。依直觉，一方面，随着圣诞节的临近，装饰用品的售价应该调低，因为，过了圣诞节，就要等来年的销售机会；另一方面，消费者对降价更敏感，调低价格能带来更多的销售额。然而，他发现，购买圣诞节装饰用品的消费者，多为年轻一代，他们可能因为工作繁忙，没有提前购置圣诞节的装饰用品，但是他们对该用品又存在刚性需求，即无论价格的高与低，他们都会购买。对电商企业而言，从最大化利润角度，最优定价策略是调高圣诞节装饰产品价格，尽可能最大化单位产品的边际收益；从清库存角度，最优定价策略是调低圣诞节装饰产品价格，尽可能将产品销售一空。

区分大类消费者：产品线设计视角[1]

跟踪到每位消费者的支付意愿，为消费者按需定制产品，需要企业具备大数据收集和分析的能力，以及快速响应的生产系统。然而，并非每家企业都同时具备上述两种能力。这时，企业通过提供产品线，区别对待不同支付意愿的消费者，扩大市场份额，获取利润。

● 提供两类产品，区别消费者类型

通常，企业为每样产品设计高端版本和普通版本，其中，普通版本的性能和价格均低于高端版本。一些支付意愿较低的消费者虽对产品的期望很高，但支付能力却有限。企业针对这类消费者，提供产品的普通版本，以减少客户流失的风险。

对软件类产品而言，如学生版本的软件，是企业在完整版本基础上减少一些功能得到的，即拉低质量，增加产品线上的质量差异，以增加收益。

对硬件类产品而言，如苹果公司曾一直坚持做高端手机，迫于市场需求压力推出了 iPhone SE。苹果公司采取这种做法的可能原因是，与竞争对手抢夺市场份额，因为华为等智能手机领域的后起之秀，吸引了原先购买苹果手机的一部分消费者，减少了苹果公司的消费者数量。与此同时，华为公司等为回应来自苹果公司的竞争，也推出了高端手机。

苹果与华为等公司为何要提供两类产品呢？企业提供两种质量水平的产品给消费者，是因为消费者有高和低支付意愿两种类型。企业

1　关于企业提供不同产品区别消费者的更多讨论见"1.1 消费的经济划算"和"1.2 消费的感觉划算"。

确定两种质量水平产品的定价和质量，保证让高支付意愿的消费者选择买高质量产品，而非低质量产品；让低支付意愿的消费者选择买低质量产品，而非高质量产品。此为激励相容约束。与此同时，高支付意愿的消费者购买高质量产品所获得的净效用非负，低支付意愿的消费者购买低质量产品所获得的净效用也非负，此为参与约束。

在均衡状态下，高支付意愿的消费者在购买高质量产品与低质量产品之间无差别，且低支付意愿的消费者购买低质量产品所获得的净效用为零[1]。

无论是对苹果公司，还是华为公司而言，推出不同质量水平的产品，初衷是美好的。然而，苹果公司推出 iPhone SE 的策略并不成功，这说明，企业在实施"提供两类产品，区别消费者类型"策略过程中，还受到其他因素影响，究竟为何，笔者也不甚清楚。

● 究竟要提供多少产品品类

品类管理的经典一问是，企业应提供多少品类？

企业采用收益排序品类管理方法选择品类。根据边际收益排序进行选品，企业优先展示那些能够获得较高边际收益的商品。选品过程中，商品的边际收益更新则涉及新商品与旧商品之间的权衡。增加一个新商品，一方面，会给商家带来更多的收益机会；另一方面，却又会对旧商品产生侵蚀效应，影响旧商品销量。这两者间的权衡是影响

---

1 用数学语言表述如下。假设支付意愿为 θ_H 类型的消费者购买的产品总质量和价格分别为 Q_x 和 p_x，支付意愿为 θ_L 类型的消费者选择的产品总质量和价格分别为 Q_y 和 p_y（$y=H$ 或 $y=L$，且 $y \neq x$）。那么，企业的产品质量和价格决策需满足：参与约束，$\theta_H Q_x - p_x \geq 0$（$IR_1$）和 $\theta_L Q_y - p_y \geq 0$（$IR_2$），即消费者购买产品的效用大于 0；激励相容约束，$\theta_H Q_x - p_x \geq \theta_H Q_y - p_y$（$IC_1$）和 $\theta_L Q_y - p_y \geq \theta_L Q_x - p_x$（$IC_2$），即消费者会选择使之效用更高的产品。那么，对任意 $\theta_H > \theta_L$，企业的最优质量和定价满足：① IR_2 取等号，即 $\theta_L Q_y - p_y = 0$；② IC_1 取等号，即 $\theta_H Q_x - p_x = \theta_H Q_y - p_y$；③ $Q_x > Q_y$。相关证明可参阅 Salanie（2005）。

商家是否对商品进行展示的关键因素，若新产品带来的收益大于其造成的旧产品的损失，则进行展示；反之，则放弃展示。

简单来说，企业将每种商品依据其边际收益从高到低排序为商品1，商品2，商品3……若商品1的边际收益小于0，那么，企业的提供产品集合为空；若大于0，则将商品1选入提供产品集合。随后，企业更新每种商品的边际收益，更新方法为，用某商品原始的边际收益，减去选中商品的边际收益与其权重的乘积，若更新后的边际收益大于0，则继续选。依据此步骤，直到商品的边际收益小于0时，停止选择（Talluri和van Ryzin，2004）。这种品类选择被称为收益排序品类管理方法。

实践中，商品的边际收益随着时间动态递减，也促使企业不断地增加新品。这是因为，商品的生命周期越长，其边际收益通常会下降。企业按照一定节奏推出新品，一是维持总收益增长或稳定，二是抗衡竞争对手的份额侵蚀，三是保持技术方面的市场竞争力。可推测，在垄断市场中，企业推出新品的速度会较慢。

区别每位消费者

与望远镜让人们感受宇宙、显微镜让人们观测微生物一样，大数据也让企业有可能收集到消费者的一举一动，洞察消费者的欲望和类型，获取利润。

●"千人千面"定价策略

若企业能借助大数据区别每位消费者的类型，那么，企业可以实施个性化定价。

　　无现金交易方式给企业实施个性化定价提供了可能。无现金交易方式包括银行卡和以支付宝为代表的互联网交易两大类。采用银行卡交易，商家需要与银行签订协议，购置刷卡机，并且向银行缴纳一定的交易手续费。采用支付宝交易的买卖双方均不需要向支付宝缴纳交易手续费，或只缴纳很少的手续费；并且，为方便顾客付款，许多商店配备了扫码设备，比顾客用支付宝去扫商家的二维码付款更加方便。

　　中国的消费者还未真正养成刷信用卡的习惯，便直接进入移动支付阶段。多数消费者的吃穿用度都和移动支付联系在一起，如购置生活用品、预约门诊、交水电费以及小额借贷等，由"一带一路"沿线20国青年评出的中国"新四大发明"——高铁、支付宝、共享单车和网购均与互联网支付密切相关。

　　为何与互联网支付相关的商业模式能在中国兴起？或许是因为中国拥有庞大的消费群体，即数据可获取的广度较大，并且消费群体所提供的消费数据也具有一定的深度。庞大的消费群体产生的数据也影响着学术研究的范式，笔者曾参加陈滨桐教授与陈静教授组织的学术研讨会，与会学者均是利用来自中国的数据做的研究。

　　电商借助消费者的支付数据细分市场，可确定目标消费者，又不惊扰他们。若消费者有两类：有钱人和普通人，如果电商把有钱人当成了普通人，推荐便宜东西给他们，那电商就少赚到有钱人的钱；如果电商把普通人当成有钱人，推荐很贵的东西给他们，他们大多不会买，这就又少赚了一部分钱。电商的目标是尽可能最小化这两种情况下的收益损失。

● "千人千面"推荐策略

　　了解了消费者的消费类型，电商会向消费者推荐他或她喜欢的东西。该运营场景蕴含的决策是，如果电商知道消费者的类型，电商会采取何种定价决策？如果电商不知道消费者的类型，电商又会采取什么定价决策呢？这是要回答，电商如何对单个产品进行定价，如何给不同消费者提供不同价格（Chen 和 Wang，2016）。

若消费者知晓电商在洞察自己的类型，会怎样调整自己的购买决策呢？消费者面临的权衡是，不仅要使自己的当期效用最大，也要使长期平均效用最大。

即便消费者没有发生购物行为，其待支付的购物数据也能用在预测中，帮助电商"春江水暖鸭先知"。"双十一"之前，一些消费者将心仪的产品放在购物车中，静候"双十一"的打折售卖活动。电商通过窥探消费者放在购物车中的产品，洞察消费者的潜在需求，提前获取产品需求信息，并给消费者推荐其他相关产品。

"聪明"的推荐系统需要做到有判断、有调整及有准备。一些电商的推荐是，给买过商品的消费者再次推荐该产品。例如，消费者买了鼠标，后续，电商又给消费者推荐鼠标——这种做法是不聪明的。若消费者购买的是消耗品，电商可反复地向消费者推荐类似产品；若消费者购买的是耐用品，电商应该推荐其他相关的产品，譬如给买了鼠标的消费者推荐鼠标垫。

"聪明"的推荐系统也可能"智者千虑必有一失"。若消费者知晓电商在窥探其购物车中的产品，可能会策略性地延迟购买，电商为促使消费者尽快下定购买决心，可能会向消费者发送定向优惠券，让消费者尽快下单。作为消费者的你，或可以试一下此策略。

从企业角度，技术的不断进步，使得企业越来越了解顾客行为，企业要做到卖消费者所买，思消费者所想，只有这样企业才能得到自己的市场；只有知道消费者所需、消费者所想到底是什么，企业才能抓住商机，做出适合市场需求的战略决策，不让决策具有盲目性。不过，如果企业盲目地追求大数据，而不去挖掘数据背后的驱动因素，则会导致"知其然不知其所以然"，难以稳定持续发展。

校读至此，宋高歌博士颇有体会地言道：数据分析只是工具；只有在业务中，从实际解决问题出发，借助数据分析，提高探寻问题根源的效率、实现问题解决方案设计的精准有效，才能把数据的价值和数据分析的作用发挥出来。

2.5 运营方式影响需求

蔡瑾玲："优衣库提供线上下单、门店自提（Buy Online Pick up in Store，BOPS）服务，我尝试了一次，线上下单，到距离最近的优衣库门店提货。我在取货时，等销售人员查询订单，等待了3分钟左右，可能是他还不熟悉业务流程。"

李皓语："BOPS令消费者失去了购物体验，线下门店自提服务也没有给消费者节约较多时间，为何会存在这样的服务模式呢？"

蔡瑾玲："优衣库售卖的服饰多属基本款，品种不多，门店的备货量充足。提供BOPS的优衣库，收到线上订单后，可以用门店的库存满足订单需求，不需要支出物流费用。当消费者去门店提货时，一是，会看到门店内的其他产品，他可能会购买自提之外的产品；二是，多数情况下，BOPS减少了消费者排队结账的时间；三是，自提产品时，消费者可到门店试穿衣服，若不合适，可在门店立刻完成退货、退款流程。"

采取 BOPS 策略，有助于商家增加产品销量吗？

为何面包货架的背景有时是单面玻璃呢？

为何常常缺货的小米手机会引来消费者翘首以盼呢？

对蔡瑾玲们而言，优衣库的 BOPS 服务模式，让她们充分利用生活中的碎片化时间，也节省了快递费用。

对李皓语们而言，他们并不在乎，到底是在线上还是在线下购买产品，而只是追求自身效用最大化。这令企业去寻求，将多个分散渠道变为多渠道无缝整合的零售模式，如无人超市、沉浸式购物 AR、自动结账等。

对优衣库们而言，通过渠道融合，打通渠道壁垒，让消费者在各渠道间切换自如，增加消费者的体验，增加收益。

渠道融合，促进销量 [1]

BOPS 服务模式的优势不仅体现在服饰销售行业中。

在餐饮服务行业，如肯德基、麦当劳、必胜客等商家，为减少顾客排队点单的等待时间，及尽可能地多售卖餐食，给食客提供了扫码、线上点餐，线下取餐的服务模式。2018 年，教师节前夕，笔者与方星博士一道，去拜访我们的博士生导师，导师虽然退休多年，却依然时刻保持与最新科技的紧密接触。他提及，与 8 岁外孙女去肯德基买餐食，祖孙二人用肯德基 APP，在手机上下单，稍等片刻，就可取餐。依笔

1　关于渠道结构影响需求的更多讨论见 "5.4 采购策略中的冲突" 和 "5.5 双重加价引发冲突"。

者体会，BOPS方法不仅让生活更加便利，也让隔辈的人们得以亲密地连接在一起。

在食品零售行业，消费者在线下购物，或许要比在线上购物支出更多。笔者在澳门大学学术访问期间，每周末都要去超市购买下周所需的早餐——牛奶、面包和水果等。无论在哪里旅居，都需要吃早餐，为何笔者要特意提及澳门的超市购物之旅呢？因为，澳门大学的学校食堂早餐品类单一，且澳门大学地处横琴岛，若在线购物，快递配送多有不便。一个周末，当笔者依惯例在超市购物时，推着购物车，穿过各色货架，看到了煲汤食材，笔者就想到家人感冒了，于是买了一些去火的煲汤食材。这类额外购买导致笔者的消费支出增加。其实，笔者也知道，待旅居澳门结束，回到家时，家人已经痊愈。

BOPS可促使消费者更"健康"地消费。试想，一位消费者决定从线上商店，而不是一个线下门店购买食品，那么他在线上与线下会购买不同的食品吗？当他在线上，而非线下购物时，那些只具有短期收益的属性（如高热量、风味诱人等）而缺少长期效益的属性（如高纤维、低脂等）的食品，在购物车里占比是高还是低呢？由于线上食品的陈列是意象化、符号化的，而线下食品却是实物的；所以对比线下，消费者在线上会购买更少的诱人却不太健康的食品（Huyghe等，2015）。

当笔者与朱万山教授谈及，比较线上和线下购物，消费者在线上更容易购买健康类的产品时，他追问到，何为健康类的产品？对于一个高强度体力劳动者而言，那些高热量、高脂肪的食品是他们身体所需的，也就是健康的。因此，何为健康食品，何为非健康食品，依场景而定。

库存水平与需求量[1]

企业采用运营管理方式增加消费需求，除了渠道融合方式，还可以利用库存水平的高与低激发消费需求。

何为库存水平？企业的库存水平等于现有库存量，加上在途库存量，减去延期交货库存量。企业收到产品后，会优先满足因缺货导致的延期交货需求。

优衣库们、麦当劳们所售卖的产品，多是日日所需之物，需求较为稳定，企业需专注于降低运营成本、扩大消费者的消费品类范围。若产品的需求存在较高不确定性，企业可利用消费者感知的产品库存水平向其传递关于产品价值的信号，以增加收益。

上述运营逻辑能否移至面包售卖领域呢？郑旖旎和夏秋妹到学校旁边的一个面包坊购买面包。郑旖旎看着各色面包，感觉口味相差无几，看着其中一款面包堆叠在一起，便选了这款库存水平较高的面包。而夏秋妹选了一款库存水平较低的面包，因为她认为存货不多可能意味着这款面包销量好。若面包坊店主知道两类消费者的想法不一样，会纠结究竟应该多备还是少备面包。

郑旖旎和夏秋妹看到产品的不同库存水平，会产生不同的想法，一是看到库存水平低的面包，会推测这些剩余的面包会不会是被挑剩下的，那么选购库存水平高的面包是不是好一点；二是看到库存水平高的面包，会推测是否因为面包品质不好而处于滞销状态，那么选购库存水平低的面包是不是好一点。

事实上，上述两种情况都有可能存在。

1　关于不确定性需求影响企业备货决策的更多讨论见"3.1 报童备货：最优决策"。

高库存水平影响需求

● 高库存水平激发消费需求

高库存水平不仅提高了企业对消费者的服务水平，而且可以增加市场需求。在实体超市中，消费者常可看到整齐且堆积如山的商品，超市充分利用货架空间的原因之一是，消费者更愿意在琳琅满目的超市中购买商品，而不愿意在商品摆放稀疏的超市中购物。

高库存水平激发消费者的购买欲望，企业如何利用一些外部手段助推消费者的购买欲望呢？店主知道每天都会有库存剩余，为尽早清空库存，店主将面包的货架背景设计为单面玻璃，让消费者觉得产品更光鲜亮丽，且有产品库存增多的错觉，这会增强消费者的购买欲望。

何种产品适用于采用高库存水平激发消费者的购买欲望呢？或许是生鲜、水果类产品。生鲜适合自提，看着生鸡活鸭、鲜鱼碧菜，热热闹闹、熙熙攘攘，能让人感到生命的力量。

盒马鲜生将这一理念融入库存管理和营销模式中。以盒马鲜生北京十里堡店为例，店中大约有 6000 款商品，其中生鲜产品占到一半。相对少的品类和重资产模式给消费者带来良好的购物体验。99 元一只的波士顿龙虾、3.9 元一只的鲍鱼、245 元一斤的俄罗斯帝王蟹……这里的海鲜几乎比海鲜市场便宜一半。按份售卖的水果、肉类和蔬菜也十分符合"日日鲜"的理念[1]。盒马鲜生在其仓店一体化的模式下将库存直接展示在消费者面前，凭借其高库存水平给消费者满足感，再加上相对市场更低的价格和配套的服务等，赢得消费者的芳心。

高库存水平激发需求的现象会出现在线上商店吗？可能性较小。消费者在网上购物时，若网店缺货，则消费者可以感知到；若网店的

1　阿里巴巴的友商之一京东，为对标盒马鲜生，开设 7Fresh。

产品库存充足，则消费者不会感知到。并且，消费者在网上商店的购物决策受到产品销量、口碑、已购买产品消费者的评价等因素影响，产品库存水平的高与低不是重要的考量因素。

高库存水平可能引发消费者的过度消费。苏宁发起"8·18发烧节"，面对卫生纸促销，很多消费者会购买大量的卫生纸。对消费者而言，可花比平时便宜很多的价格囤很多卫生纸，并且卫生纸的保质期较长，不会变质。虽然苏宁发起各类促销活动的目的是淡化淡季和旺季产品间的需求差异，令物流资源不至于被过度闲置，或过度紧张地利用。不过，若小朋友以前用餐时抽纸只抽一张，后来看到家里囤了很多纸，开始一抽抽两张，这也是一种资源浪费吧。

● 高库存水平可能令消费者延迟购买

较高的商品库存水平可能刺激消费者的购买欲望，也有可能延迟消费者的购买决策。这是因为，企业的产品库存水平高，消费者会认为未来企业会有产品销售剩余，因此，消费者会策略性等待，延迟购买。

策略性等待的消费者需要在购买商品的时机和支付价格之间权衡。多数消费者希望以较低价格买到心仪的商品。对于刚上市的商品，若消费者此时购买，可立刻获得商品，不会面临缺货风险，但是所付出的价格较高；若消费者选择等待，直到商家对商品进行打折处理时再购买，此时消费者会面临购买不到商品的风险，因为，若产品降价，就会有很多在等待的消费者抢购，而销售后期打折处理的商品数量往往更少，很可能消费者抢购不到商品，若是抢到就是赚到。

消费者的上述权衡行为令商家苦恼不堪。由于消费者对商品有降价的预期，就会越来越习惯等待价格下降再去购买。企业为迎合消费者，不得不更早地提供价格折扣，这可能造成一个恶性循环：消费者期待越来越大的折扣，企业为满足消费者的期望而一再降低商品价格，同时为了维持一定的边际利润，企业会降低商品的生产成本，导致商品质量的下降。虽然消费者以一个较低价格获得了商品，但是商品的质量也相对较低，因而有可能降低消费者对商品的满意度，令企业失去部分消费者。

企业应如何应对消费者的策略性等待行为呢？刻意降低商品的库存水平或能刺激消费者的购买欲望。

低库存水平影响需求

● 低库存水平助推需求

企业或可营造物以稀为贵的购物情景，通过控制商品的供应数量，引导消费者提前购买商品。

其一，消费者会认为越不容易买到该商品，说明该商品的价值越高，品牌紧俏，从而会争先恐后地提前购买，而不是等待，以免错失购买良机，从而令商家获利。

阿迪达斯推出一款引领时尚潮流的椰子鞋，该款鞋子时常缺货，一些消费者以能买到一双椰子鞋为荣。特别是一些男生，他们喜欢收集鞋子就像一些女生喜欢收集口红，希望试穿每一种款式。

小米手机也常处于缺货状态，却仍有消费者翘首以盼，等拿到手机后还会在朋友圈晒一晒新款手机。笔者推测，新款手机的需求波动较大，小米手机和苹果手机均由富士康代工生产，富士康在产能有限的情况下，会优先生产苹果手机，这或许导致了小米手机的产能不足；当消费需求陡增时，小米却无货可供，便顺水推舟地采用了物以稀为贵的销售策略，即"饥饿"营销策略，这也是一种应对方案。

其二，鼓励那些不想错过新品的消费者经常访问商店，一旦访问，消费者就有可能购买产品。Zara 定位快时尚，一方面，时尚是易逝品，一旦过时价值即为零；另一方面，时尚既追赶潮流，又与众不同，Zara 有 85% 的产品是原价售卖的，与其他品牌 60% 的比例形成对比。因此，Zara 每件衣服的库存都很低，消费者知道过了这个村就没这个店，应该早购买，而不是等打折。

● 低库存水平可能令企业丢失需求

控制商品供应数量的销售策略既可能是一剂"强心剂"，也可能是一剂"泻药"。如果企业承诺商品数量有限，同时设法降低库存水平，这意味着消费者购买商品的缺货率提升。

若商品的缺货率和可替代性都较高，则以短缺刺激需求是一个危险的招数，消费者会感到该商品的服务水平较差，没有买到商品很不开心，转向购买其他替代性的商品，并有可能再也不会购买该商品。

苹果公司曾宣称 Home Pod 拥有卓越的音质，会在 2017 年 12 月发售；但到了 2017 年 11 月，苹果又宣布 Home Pod 的发售时间将延迟至 2018 年，这也让这款设备失去了在假日购物季与其他热卖的智能音箱同台竞技的机会。截至 2018 年 1 月，苹果还没有明确 Home Pod 何时上市。与此同时，亚马逊在 2017 年 9 月宣布，售价为 99 美元的新款 Echo 支持杜比音效，音质远远好于第一代 Echo。几周之后，谷歌也推出了智能音箱 Google Home Max，售价为 399 美元。作为消费者，你是选择等待苹果的新品上市呢？还是去购买亚马逊或谷歌的产品？

企业可以选择通过 BOPS 来改变需求，也可以通过调整库存水平来影响需求。然而，企业何时该采用高库存水平策略，何时又该采用低库存水平策略，这是一种权衡的艺术。

第 三 章

备货管理

——成本与收益

CHAPTER
3

Stocking Control:

Costs and Benefits

3.1　报童备货：最优决策

陈蓉教授："诸如牛奶、面包这类短生命周期的产品，企业如何确定备货决策，这类决策被称为报童备货。"

赢豫："为解答报童的备货策略，先要回答，如何测量报童所面临的剩余库存所带来的成本，即产品剩余成本；和失去销售产品的机会成本，即产品缺货成本。"

陈蓉教授："产品剩余成本和产品缺货成本的理念，不仅体现在企业的库存运营决策上，也体现在日常生活的决策中。"

赢豫："你是如何给学生讲解的呢？"

陈蓉教授："我会给学生举例，早上开车上班通勤时间是不确定的，平均 30 分钟，最短 20 分钟，最长 50 分钟。如果老师和学生住同一个小区，面临的通勤时间的随机分布是一样的。但是，对于同样是早上 9 点的课，老师会提前一个小时出发，学生会提前半个小时出发。"

企业备货决策的权衡因素是什么？

为何有的产品的备货量高于需求均值，有的则相反呢？

企业备货资金不足时，如何应对？

陈蓉教授给学生的举例说明是在解释：上课时老师能迟到吗？不能；学生能错过上课的时间，晚到吗？可以。为何？按教学规定，老师迟到，会让众多学生等待，损失很大，故而高校一般规定，老师迟到即为教学事故。时间"缺货成本"之高，甚至能令老师丢了饭碗；老师提前到达上课的教室，可备课、处理邮件等，时间"剩余成本"较低。学生错过上课时间，情有可原，可能是交通拥堵，路上耽误了，也可能是上课前的几分钟，没有非常重要的授课内容，时间"缺货成本"较低；若学生提前达到上课的教室，牺牲了宝贵的睡眠和休息时间，时间"剩余成本"较高。

上述这类问题被称为报童模型中的决策。报童模型是运营管理研究中的经典模型，被称为运营管理研究中的"同一首歌"，最早见于Arrow，Harris 和 Marschak（1951）。

何为报童模型？报童模型描述的场景是，企业销售短生命周期的产品，所面临的需求具有不确定性。为何需求具有不确定性呢？因为产品的备货提前期可能较长，在备货时，企业无法对未来的需求给出较高精度的预测，因此需求是一个随机变量[1]。

在不确定性需求实现之前，企业确定产品的备货量；在不确定性需求实现之后，企业销售产品。若备货量无法满足不确定性需求实现值，企业没有机会补货，失去销售机会；若备货量大于不确定性需求

---

[1]　关于企业不知道不确定性需求分布信息时的备货策略的讨论见"3.2 报童备货：鲁棒优化决策"。

实现值，销售剩余产品按残值处理。不失一般性，在这里，笔者假设
企业剩余产品的残值为零。

备货量的多与少[1]

企业确定备货量，并预期其期望利润等于单位销售价乘以备货量
和需求实现量中较小的数，再减去单位成本乘以备货量。换句话说，
企业的期望利润为，不确定性需求带来的利润减去不确定需求带来的
成本。这是因为，若实现的需求值小于备货量，那么企业要承担产品
销售剩余成本；若实现的需求值大于备货量，则企业要承担缺货成本。
以上成本为需求不确定性所造成的运营成本[2]。

企业的备货决策需使其所造成的库存持有成本和缺货成本之和最
小。企业的备货决策不是极端的非此即彼，而是"多一点"与"少一点"
的比较。

上述权衡艺术是边际分析的理念，指企业在备货过多导致不能出
售产品的损失，和备货过少导致未满足全部需求的损失之间权衡，由
此得出最优备货量。或是说，企业的权衡行为从边际成本变动入手，
这种思想是一种边际分析方法。

---

1 多期情景中，考虑不确定性需求的企业生产策略的讨论见"4.3 需求不确定时的生产策略"。

2 假设企业所售产品的价格为 p，订购成本为 c（$p > c$），企业所面临的不确定性需求的概率密度函数为 $f(x)$，需求均值为 μ，企业确定的订购量为 q，则企业的期望收益函数为 $\pi(q) = p\min(q, D) - cq = (p-c)\mu - C(q)$，其中 $C(q) = (p-c)E(x-q)^+ + cE(q-x)^+ = (p-c)\int_q^\infty (x-q)f(x)\,dx + c\int_0^q (q-x)f(x)\,dx$。$\pi(q)$ 中，第一项为需求不存在不确定性时报童的收益，第二项为需求的不确定性引发的成本；其中，$C(q)$ 的第一项为少订购所带来的销售机会损失，第二项为多订购所带来的剩余成本损失。

如何用边际分析思想把握"多一点"与"少一点"的感受呢？在日常生活中，为什么对人类生存至关重要的水价值很低，而对人类生存可有可无的钻石却价值很高？这是因为，物品的价值由它带给人们的边际效用决定，虽然水很重要，但是由于它很多，因此在边际上多一滴少一滴对人的效用影响不大；而钻石虽然无关紧要，但由于它的稀缺性，因此在边际上多一克、少一克对人的效用影响很大。若在沙漠中，对于饥渴难耐的旅行者，水的价值就高于钻石的价值了。

在一般性的决策判断领域，在离散情形中，边际值为因变量变化量与自变量变化量的比值；在连续情形中，边际值为因变量关于某自变量的导数值。所以，边际的含义是因变量关于自变量的变化率，或者说是自变量变化一个单位时，因变量的改变量。譬如，在运营管理研究中，经常考虑的边际量有边际收益、边际成本等。

在报童模型中，关于企业备货量决策的讨论，没有涉及消费者的消费行为在将来会变化的情况，即企业所面临的需求量会改变。笔者在这儿描述的情景是，在有一系列过去需求量数据的情况下，企业只做一次备货决策，即备货量到底是多少。对这类问题，如果确定了需求分布，获悉关于库存成本的信息，企业就能建立起期望收益函数，然后确定最佳备货量。

企业的最佳备货量受产品的边际利润和企业可调配资金量的影响。

产品的边际利润率影响备货

短生命周期产品的边际利润率可能高或低。

边际利润率较高的产品，如三星手机、苹果手机，这类手机品牌企业在运营决策过程中，一方面采用各类营销手段提高产品售价，另一方面持续降低单位产品的制造成本。

相对于苹果公司的 iPhone 手机，三星公司的 Galaxy 手机具有成本优势，能够以较低价格售卖。三星公司为何能具有成本竞争优势呢？苹果公司虽然拥有以 iPhone 为代表的智能手机的核心技术，但需要向三星公司采购组件[1]，包括液晶面板、移动应用软件处理器和 NAND 闪存芯片等，这使得 iPhone 相较于 Galaxy 失去了成本竞争优势。对三星公司而言，借助作为苹果公司供应商的便利，获得部分零部件采购成本的规模经济优势，从而获取了产品的成本竞争优势。

无论是三星公司，还是苹果公司，确定的手机备货量，均大于其面对的需求分布的均值，因为，失去销售机会的单位损失大于手机库存积压的单位损失。

同样成本的手机，相比于三星公司和苹果公司的手机，小米公司售卖的手机价格较低，产品的边际利润率较低。因此，小米公司的手机备货量，小于其面对的需求分布的均值，这可能是因为，失去销售机会的单位损失小于手机库存积压的单位损失。

不过，小米手机的边际利润率并非总是低的。竞争环境中，小米手机的最初定价是按照销售几十万台来计算成本，暂无利润空间。然而，当销量超过几十万台后，小米手机的元器件采购成本随之下降，其边际利润率得以提升。

借助供应链金融解决备货难题

"巧妇难为无米之炊"。若企业缺乏备货所需资金，有何解决策略

1　《网易：苹果三星大战：捍卫专利还是捍卫利益？》，http://money.163.com/12/0801/19/87RJLMNJ00253B0H.html〔2017-01-01〕。

呢？企业希望供应商提供赊销的信用期，降低库存投资成本，而供应商可能不愿意，怎么办？企业曲线借钱于第三方物流企业，从而缓解需要现金或极短信用期交易的两个企业之间的现金冲突关系。

怡亚通聚集了众多需要购买产品的企业，作为第三方，代表企业向供应商下订单，由于怡亚通的订单量大，供应商会给怡亚通一个赊销信用期限。此时第三方物流企业就成为供应商与企业之间下订单和收付款的中介。

怡亚通这类企业同时扮演了采购和融资的角色。一方面，帮助企业解决资金问题，缩短账期，加快资金的周转，还有可能激励企业增加备货量；另一方面，第三方物流企业像一个蓄水池，能汇聚大量订单，给供应商带来较高的销售额或采购额，于是供应商会在销售额和赊销信用期之间权衡，给第三方物流企业一个资金信用期（Chen，Cai和Song，2018）。

当企业没有采取一手交钱一手收货模式，而是先收货、后付钱给供应商，即企业通过让以供应商或怡亚通为代表的第三方提供信用期的方式，延迟付款，虽然企业不存在直接的库存投资成本，但是可能需要为所订购的产品支付较高的订购成本。

在报童模型下，企业采用边际成本分析思想，确定备货水平，使得边际库存剩余成本和边际库存缺货成本相等；考虑到产品毛利率的高与低，企业确定的备货水平可能高于或低于需求均值；考虑到企业备货资金可能不足，而供应商也不能提供赊销信用期时，企业可以寻求第三方物流服务商的帮助，解决企业"巧妇难为无米之炊"的备货难题。

3.2 报童备货：鲁棒优化决策

岳劲峰教授："企业的决策是订购多少产品。订购数量要和市场需求比。订少了就失去了多卖产品多赚钱的机会，而订多了卖不出去，企业一样要承受损失。几乎所有的商业决策面对的都是这样的两难困境，所有商业决策模型经过转换都会或多或少和报童问题有些关系。这是经典模型的魅力。"

赢豫："如果企业知道市场需求的分布函数，可计算出最优订购量。如果企业只知道分布函数的均值和标准差，该如何订购呢？"

岳劲峰教授："企业不知道市场需求的分布函数，但是，无论出现什么分布，包括最坏的分布，企业希望所确定的备货量能把后悔值控制在尽可能小的范围之内。也就是要回答，具有相同的均值和方差的分布函数，究竟哪个提供了最大的分布函数价值？"

赢豫："这个问题是关于有分布和无分布信息的差别。"

何为鲁棒优化决策?

不知需求分布,仅知需求分布参数,企业应如何决策订购量?

不知需求分布,仅有样本,企业应如何决策订购量?

理论上,当企业的管理者在做订购决策时,如果知晓产品需求分布的信息,那么他就会在订购过多——产品不能全部售出导致损失,与订购过少——产品数量无法满足全部需求导致需求流失、利润下降之间进行权衡,由此得出最优订购量,达到最大化收益。

实践中,企业未能获得详细的产品需求分布信息,应该如何进行库存决策呢? 一方面,短生命周期产品的不确定性需求的可预测性差,因此关于需求的信息十分有限,可能只是有限数量的样本,即需求分布是未知的;另一方面,企业的库存决策需具有鲁棒性,即必须相对稳健,即在最差的情况下也能保持较好的效果,才能使其自如地应对灾害。

文献中有很多研究考虑需求分布未知下的企业订购决策问题。将研究中关于利润与订购量关系的假设称为结构假设,关于需求分布的假设称为统计假设,依据这两个假设的有无,可将企业的订购决策问题分为四类:第一,统计假设和结构假设都有;第二,有结构假设,无统计假设;第三,有统计假设,无结构假设;第四,结构假设和统计假设都没有[1]。

若统计假设和结构假设都有,企业可利用随机模型,寻求最佳备货决策。

若有结构假设,无统计假设,企业可利用样本平均方法,需求最佳备货策略。

若有统计假设,无结构假设,企业可利用统计模型,如核回归方式,

---

1 源于 2018 年 7 月 18 日 J.George Shanthikumars 在复旦大学的报告。

构造利润与订购决策之间的函数关系，最大化利润求解最佳备货决策。

若结构假设和统计假设都没有，企业可利用机器学习，寻求最佳备货量。

接下来，笔者主要讨论有结构假设时，企业的备货决策。

仅知均值与方差

若存在统计假设，即对需求分布进行假设，在这种情况下，企业可采用随机优化的方式解决问题。

经典的报童模型假定需求分布已知，通过最大化其利润可求出最优的订购决策。当需求分布信息部分已知时，譬如，若企业仅知晓所面临的不确定性需求分布的均值与方差，该如何做出订购决策呢？

企业通常会通过最大化最小期望收益[1]，来确定订购量。若单位产品成本除以单位产品价格的值较大，企业选择不订购；若单位产品成本除以单位产品价格的值较小，企业的订购量为需求均值，加上标准差乘以单位产品成本除以单位产品价格的值[2]。

1　企业会选择一个订购数量来最大化最差情况下的利润。这种优化的方式是鲁棒的，企业是非常保守的，他希望保证在最差的情况下也能达到最优的状态。此时，企业以单位产品成本 c 订购产品数量 q，并以单位产品零售价格 p 售卖，企业处在不确定性需求市场中，企业的目标函数为 $\max_{q \geq 0} \min_{\int (D-\mu)^2 dF = \sigma^2, \int D dF = \mu} \pi_p(q) = p\int_0^\infty \min(q, D) dF(D) - cq$。此处，最大化最小期望收益与最小化最大期望损失等价的条件是，产品的零售价格外生 p 给定。反之，企业应以最大化最小期望收益作为目标函数。

2　当只知道需求均值和方差时，风险中性企业最大化最差情况下的利润，其最优订购决策是 $q = \begin{cases} 0, & \frac{c}{p}\left(1 + \frac{\sigma^2}{\mu^2}\right) \geq 1 \\ \mu + \sigma\frac{p - 2c}{2\sqrt{c(p-c)}}, & \frac{c}{p}\left(1 + \frac{\sigma^2}{\mu^2}\right) < 1 \end{cases}$。

具体而言，当单位产品成本除以单位产品价格小于 1/2 时[1]，订购量大于需求均值，且在一定范围内随着标准差的增加而增加；反之，订购量小于等于需求均值，并随着标准差的增加而减小（Scarf，1958）[2]。

需求的标准差可被视为市场风险，当市场风险较大时，除非单位产品的利润很高，否则企业就不必冒险多订购。

比较基于需求均值和方差的解与基于需求分布的解，显然基于分布的解更好，那么，中间的差值是分布函数这个信息的价值。具有相同的均值和方差的分布函数，究竟哪个提供了最大的分布函数价值呢？Yue，Chen 和 Wang（2006）考虑仅知道需求分布均值和方差的报童订购决策问题，目标是最小化企业的最大后悔。其中，后悔的定义为，企业订购决策下的期望收益与理论最优决策下的期望收益间的差值。

最小化最大后悔法则平衡了企业订购过多和订购过少的风险，因此没有最大化最小期望收益方法保守，也能够给出一个在多数需求分布下都表现良好的决策。

按照最小化最大后悔目标确定订购量的企业，期望后悔收益与不确定性需求分布的均值无关，只与其分布的标准差有关（Yue，Chen 和 Wang，2006），其中所蕴含的管理启示是什么呢？

Yue，Chen 和 Wang（2006）一文的作者之一岳劲峰教授解读道，

1　为何以 1/2 为界？这与研究假设中不确定性需求分布是对称性的直接相关。

2　H.Scarf（1930 年 7 月～2015 年 11 月）是一位经济学家，一辈子也就发表了三四十篇文章，却几乎篇篇经典，很多文章都开创了一个研究方向，令人敬佩。Scarf（1958）证明了，在仅知道需求分布的均值与标准差时，按照最大化最小期望收益目标，最小期望收益所对应的需求分布为两点分布。Gallego 等（1993）简化了Scarf（1958）的证明过程，提出关于所有可能需求分布下的预期利润的极其简单的下限，这个下限可表明在最坏的情况下参数如何影响企业的预期利润；并且，将Scarf（1958）的想法延伸到追加订购情景（在观察需求之后有第二次购买机会）、考虑固定订购成本情景（下订单收取固定成本）、随机收益情景（产品产量具有随机性）、资源有限的多品类情景中，讨论企业的预期利润。

虽然企业不知道分布，但是无论出现什么分布，包括最坏的分布，企业都希望这个备货量能把后悔值控制在尽可能小的范围之内。或是说，既然无法做到最优，那就追求与最优的差异小一些。或是说，这个研究中的人性是不患寡而患不均。决策者不喜欢差别。比如，如果知道还可以有更好的结果，而现在的结果和更好的结果相比差别不大，决策者不觉得什么；但是，当差别巨大时，决策者就觉得特别难过，也就是后悔值巨大。

样本均值法[1]

若没有统计假设，企业拿到的信息可能只是一系列样本数据，对于需求分布并不了解。即企业有一些历史的备货量和需求量的信息数据，却不知晓产品需求的分布，那么企业可使用样本均值法（Sample Average Approximation，SAA）来确定备货量。

由于企业决策时依赖的数据是历史数据，而不是将要订购时的现实备货量和需求量的信息数据，所以企业的决策目标不是最小化真实的期望成本，而是最小化样本数据预测下的平均成本。

企业将样本观测值看成一个经验分布，每个样本值出现的概率都相同，等于样本总量的倒数。用这种方式得到的企业最小成本与真实最小成本存在差异，将二者之差定义为绝对后悔，绝对后悔除以真实最小成本即为相对后悔。

当相对后悔小于 ε 时，称 SAA 下的决策是 ε 最优的。由于样本本

1　关于企业利用历史数据预测需求的更多讨论见"2.1 因果预测模型构建"和"2.3 时间序列需求预测"。

身具有随机性，因此，SAA 得出的决策只在一定概率下是最优的，可将这个概率称为 SAA 的准确度。由于需求分布未知，企业真实的最小成本未知，所以样本平均决策是最优的概率是难以求解的，研究者通常希望找到一个概率边界，即求解样本平均决策是 ε 最优的最小概率是多少（Levi，Perakis 和 Uichanco，2015）。

寻找概率边界有何意义？企业在利用 SAA 决策时，会有一个目标——决策至少有多大概率是最优的。据此，企业可以决定收集多少样本才满足此概率。或是说，如果能够提高 SAA 下决策的概率边界，即对样本平均决策是最优的最小概率，那么就能够减少企业需要收集的样本量，从而降低企业收集数据的成本。

企业收集的样本越多，数据能够反映的需求信息越多，SAA 下的决策就越准确，即最优的概率越大，越有可能实现企业的目标；但是需要收集的样本越多，也就意味着要付出更高的代价。比如，快速时尚公司推出本季新款系列时，会收到一些初始销售样本信息，然后利用这些样本来改进用于快速生产的需求估计。需求收集时间越长，预测就越准确，但也意味着企业的响应时间变长，可能因此错失良机。

到此，笔者阐述的问题是，当企业决策者有关于需求分布的结构假设时，采用均值方差，或样本平均方法，确定备货量的决策。为何笔者没有阐述，当企业决策者没有关于需求分布的结构假设时，企业应如何确定备货量呢？因为，没有统计假设问题的解决方法是，利用机器学习对需求进行预测。这不是笔者擅长的领域，有兴趣的读者，可参阅 Beutel 和 Minner（2012）将需求的线性回归函数纳入报童模型的研究，及 Ban 和 Rudin（2016）提出的机器学习算法在报童模型中的应用等。

3.3 报童备货：行为决策

赢豫："报童的订购量偏离最优值，趋近于不确定性需求均值，此现象令人感兴趣。"

李纾教授："当不存在剩余库存时，企业面临着销售损失。对管理层而言，无法对经理人的订购绩效做出客观评价，因为潜在的销售机会损失看不见；对经理人而言，无动机去改善其订购决策，因为其减少销售机会损失的努力成本，无法被管理层观测到。"

赢豫："针对销售机会损失的不可观测性，可设计一种委托代理激励合同，让管理层有动机激励经理人减少销售机会损失，让经理人做出减少销售机会损失的努力。"

李纾教授："从避免人性弱点角度提出改善建议。"

报童备货偏差呈现何种特征？

决策者的有限理性如何影响备货决策？

看不见的销售机会损失会令报童决策者减少备货量？

运营管理领域的行为建模与分析研究进展总结可参见 Donohue，Katok 和 Leider（2019）；肖条军（2019）；Elliot，Wezel 和 Bachrach（2015）；Camerer（2003）。在这儿，笔者仅讨论报童情景中的订购行为。

报童备货量偏差

受不确定性需求实现值及前期订购量影响，报童的实际订购量偏离最优订购量，并趋于需求均值（Schweitzer 和 Cachon，2000）。也就是，在产品为高（低）边际利润[1]时，报童的订购量小（大）于最优订购量，大（小）于需求均值。订购量趋于需求均值的行为具有鲁棒性，不受支付给被试的金额量、实验轮数、框架效应及是否提供历史需求实现值信息、被试的文化背景、被试的生理性别、个人认知水平的影响。

特别地说明，Schweitzer 和 Cachon（2000）是行为运营研究方向的先驱型论文。从这个研究工作开启之后，学者开始将演绎法和归纳法并用到运营管理学术研究中，用于解读各类运营情景中的悖论。

如果报童问题的备货量有系统偏差，成千上万种商品每年订购许

1　产品为高边际利润意味着 $p>2c$，产品为低边际利润意味着 $p \leqslant 2c$。

多次，累计起来是一笔巨大的损失，足以让一个本来可盈利的企业变成亏损。理解决策者在不确定环境中的行为偏差，可提高运营环境中决策者的决策能力，改善决策结果。

为找出影响报童订购判断错误的因素，就需要认识报童的犯错动机，方可改善报童的订购行为。

诱发备货偏差的因素

● 有限理性

运营管理中最常见的决策方式是期望效用理论 [1]，然而，决策者并非总是按照期望收益最大化原则来采取行动，他们可能因发现许多解决方案提供了"足够好"的结果，而不进行进一步搜索；他们可能由于认知能力有限无法识别最佳行动方案，随后在选择中出错。这些原因通常被统称为"有限理性"（Simon，1955）。Stanovich 和 West（2000）指出，当人类在不确定性世界中决策时，会用到两个脑力系统——感性的、快速的系统 1 和理性的、慢速的系统 2。

系统 1 是感性的快思考系统，存在于人的潜意识中。基于以往的生活经验和情感来对事情做出认知和判断，但是这个过程容易受既定情绪或环境气氛等因素所影响，从而做出错误的判断。系统 1 会遇到麻烦，或是说认知捷径也可能成为陷阱，因此人们需要通过系统 2 进行理性思考，拒绝错误的直觉，修正情绪化、草率的决策。系统 2 是

1　期望效用理论是指，如果某个随机变量 X 以概率 P_i 取值 X_i，其中 $i=1,2,\cdots,n$，而决策者在确定地得到 X_i 时的效用为 $u(X_i)$，那么，该随机变量带给决策者的效用为 $u(X)=E[u(X_i)]=\sum_{i=1}^{n}P_iu(X_i)$。

理性、客观的慢思考系统，总是想尽力做出最精确无误的判断。系统2是人们的最高决策中心，可以驳回系统1的意见。

Frederick（2005）开发了一个测试——认知反射测试，发现人们倾向于依赖系统1的直觉反应，而不是强迫自己花时间仔细思考答案，也不利用系统2的思维，这会使得测试的表现不佳。或是说，系统1决策虽然快速方便，人们倾向于使用，但可能会使得决策的准确度低。

决策者在做出决策时，尽管并不总是做出最佳选择，但是倾向于做出最好的选择。Su（2008）构建决策者的有限理性结构，解释了实际订购决策中过多订购和过少订购的原因。

既然最优解优于满意解，那么为什么满意化决策者还只追求一个足够好的决策呢？有两个可能原因，一是，若满意化决策者不在意决策的价值，则不像最优化决策者那样有动机追求最好；二是，若满意化决策者也在意决策的价值，但是与此同时，他也很在意获得对应价值所需要付出的努力，则通过权衡价值和相对应的付出，他最后选择了一个足够好的选项。

这对应现实生活中的两类人，第一种是佛系青年，不关心、不在乎外界，随遇而安；第二种是克制的成年人，关心投资回报，不愿付出过多，适可而止。

● 丢失的需求信息令企业减少备货量

企业看到库存全卖完的"假象"，或会沾沾自喜，以为备货量全卖光是最好的。实际上，那些未被满足的消费者，或是流失了，或是转而购买替代型产品。

当丢失的需求信息不可见时，企业的备货行为是什么样呢？

Rudi 和 Drake（2014）分析了被试多订和少订的认知偏差对备货决策的影响，设置了部分信息组和完全信息组。其中，部分信息组中，被试了解多订信息，而缺少少订信息，即丢失的需求信息不可见；完全信息组中，被试知晓多备货和少备货的信息，即丢失的需求信息可见。无论是在部分信息组还是在完全信息组中，被试明确地使用了关于收益的结构假设。收益是卖价乘以卖出去的数量，减去购买成本。

Rudi 和 Drake（2014）发现，不论是在高边际利润还是低边际利润产品情景下，部分信息组中被试的备货量都显著小于完全信息组中被试的备货量。这是因为，被试依赖于先想到的经验和信息，并认定这些容易知觉到或回想起的事件会重复出现。

决策者在多订的情况下收到更完整的信息反馈，会误以为自己多备货了，从而减少备货量。在销售低边际利润的产品时，只接收到部分信息反而有利于提高利润，表明信息并不是越多越好。主观印象中，库存爆满、货品销售不出去的现象远多于供小于求的情况，虽然找不到真实的数据来说明货品是滞销还是畅销，但是在决策者的主观印象中，货品滞销的情况多一些。

当笔者与赵晓波教授谈及决策者的库存厌恶心态时，具有多年教学经验的他说，决策者是否不希望有剩余库存要视具体情况。一方面，如果现实环境符合报童模型情景，那么决策者理解了报童模型中多订购与少订购带来的成本差异，或能理性地对待库存，不会总是过少地持有库存量；另一方面，如果现实环境不是报童模型情景，譬如是一个确定性需求的库存管理系统，那么决策者也就不希望有剩余库存了。

应对备货偏差的策略

● "房谋杜断"[1] 备货决策模式

报童决策者确定订购量，市场需求实现后，有两种可能错误：错误一，市场好，决策者却备货少了，没有赚到该赚的钱；错误二，市场差，决策者却备货多了，要为库存积压付出代价。如果决策者在乎错误一，就会多备货；反之，少备货。

决策者决策时需考虑可能出现的两种错误，选择减少其中更可怕的错误。

为减少可怕的错误造成的成本，决策者会尽可能收集关于市场需求的信号，并在上述理论指导下，从控制和操纵的不同错误类型的代价角度，进行研究和深度思考，从而给决策者以指导性建议。

借助人工智能和机器学习等手段，将具有艺术化的预测行为和订购决策分离，采用"房谋杜断"模式，让人扮演"房玄龄"，做出有洞察力的判断，让以人工智能为代表的算法扮演"杜如晦"，做出基于给定信息的优化决策[2]。

● 让决策者意识到少备货造成的成本

在实体店里，库存小于需求导致的销售机会损失无法被实体店的决策者观测到。在这类企业的管理会计报表中，虽然不存在库存小于需求导致销售机会损失的成本支出一项；但是，此项损失可能间接地

---

1 《旧唐书·房玄龄杜如晦传》说：唐太宗同房玄龄和杜如晦研究国事的时候，房玄龄善于出计谋，总能提出精辟见解，却不能做决定；而杜如晦善于做决断，能对问题略加分析，肯定房玄龄的意见和办法。所以叫"房谋杜断"，形容他们各具专长而又各有特色。

2 关于企业备货决策的更多讨论见"3.1 报童备货：最优决策"。

反映在企业的管理会计报表中。譬如，企业作为供应链系统上的供应商，未能及时满足其下游零售商的订购需求，因缺货而被下游零售商开出罚单，罚单金额反映在供应商的管理会计报表中，即为库存小于需求导致的销售机会损失。

如何推动决策者关注失去销售机会带来的成本呢？在每次出现缺货时，都让决策者重新预测，并记录当期的实际需求是多少，促使决策者注意到未满足的需求。相比单纯观察销售数据中的需求实现值，此方式使得决策者对实际需求有更准确的估计，从而关注失去销售机会带来的成本（Tong，Feiler 和 Larrick，2018）。

如何估算缺货成本呢？面对琳琅满目的产品，消费者打开某产品的信息界面，停留几秒后，决定是否需要购买。若需要购买，再查看是否有库存，有库存则下单；若第一选择的产品已经卖空，消费者会转移至其他的替代产品，或离开市场。对电商而言，可跟踪消费者的点击轨迹，通过观察消费者点击购买转化率，也就是产品有货时，消费者的点击行为转化为购买行为的概率，以及产品的毛利率，估算出缺货成本。

何为毛利率？毛利率是毛利占营业收入的百分比，其中毛利是收入和与收入相对应的营业成本之间的差额，用公式表示：毛利率 = 毛利 / 营业收入。比如，衣服的购买转化率约3%，洗涤剂的转化率约15%，但衣服的毛利率为70%，洗涤剂的毛利率为10%，那么衣服的缺货成本 3% × 70%=2.1%，高于洗涤剂的缺货成本 15% × 10%=1.5%。

一些题外话

读到此处，读者可能会提出，让在校学生在实验室中做运营决策，与经理人在真实商业场景中做运营决策，是有不同的。胡奇英教授参加一个学术报告人的临场实验，他在实验过程中表现为爱冒险，其实，日常生活中的他是比较保守的。因此，胡奇英教授追问：有什么措施去激励参加实验的被试认真完成相关决策，而不是抱着玩一下的心态？这是一个挑战。

但是笔者认为采用管理实验方法研究运作管理问题仍然是可行的，理由如下。

其一，在报童模型决策情景中，Bolton 和 Katok（2008）对比研究了在校全日制学生和具有工作经验的 MBA 学生，指出决策者的经验和训练会影响订购决策偏差的幅度，但两类被试在订购决策偏差方面不存在本质差别。尚无学者在包括经济生产批量等在内的运营情景中，分析不同类型被试的决策行为是否存在差异。

其二，一些行为偏差是人类固有的，不受教育程度、文化环境、认知能力等影响，甚至这些行为偏差在与人类基因相近的僧帽猴身上也具有。譬如，人类行为——对损失与收益的偏好和偏差，扎根于僧帽猴和人身上（Lakshminaryanan，Chen 和 Santos，2008）。

尽管一些研究表明，人类的确是有限理性的，而且经常诉诸启发式解决方案，但是也有学者指出启发式并不是次优的，很多简单的启发式可不费力气地得到准确决策。Gigerenzer 和 Goldstein（1996），与 Goldstein 和 Gigerenzer（1999）提出快速节俭算法，证明启发式不一定是次优的。这表明，在运营环境中引入偏差，探讨其是否驱动结果时，必须谨慎，因为许多偏差和启发式优化或劣化结果，取决于实验的设置以及研究的运营问题类型。

3.4 集中化备货对冲需求风险[1]

在一家旅游服务公司实习的李皓语遇到蔡瑾玲。

李皓语:"实习的主要内容是旅游产品售卖,最近售卖的一款春游产品是,45人成团到南京和无锡的旅游线路。为何是45人的旅行团呢?因为所使用的旅行大巴只有45个座位。旅游服务公司分别通过3家代理售卖此产品,每家代理最多可售卖17个。"

蔡瑾玲:"若每家代理都售卖出17个,总的人数将达到51个,出现超售,旅游公司如何应对?"

李皓语:"当出现超售时,旅游公司只能劝退一部分人。若每家代理最多售卖15个,因为每个代理所面临的需求存在不确定性,可能有些代理的售卖量不够15个,使得旅游团人数不达45人。"

蔡瑾玲:"若旅游公司有能力直接售卖产品,将不同地点的需求集中在一起,则能更好地匹配供应与需求。"

---

1 关于企业集中化备货决策的更多讨论见"6.2 柔性化管理机票供应量"。

你之"砒霜"能成为他人之"蜜饯"吗？

集中持有资源有助于减少资源储备量吗？

如何管理分散化仓库，获得集中化仓库的运营优势？

旅游公司分散销售旅游产品，集中管理旅游产品容量的策略，并非少见。

日常购物中，消费者常会遇到这种情况：消费者到一个服装品牌的门店去买衣服，经过精挑细选，看中某件衣服后，可能会被告知没有适合自己的尺码。售卖员会请消费者先试穿同款的、其他色号衣服，确认一下尺码；若消费者满意，该门店会从其他门店调货，满足消费者需求。

校读至此，苟清龙教授忆起在中国和美国买裤子的经历。在中国，他买裤子时发现，裤子的尺码标签上只有腰围，没有长短，裤子销售商希望通过集中管理裤子的库存，降低库存水平。在美国，他买裤子时发现，裤子的尺码标签上有腰围和长短。为何美国的裤子销售商没有集中管理裤子的库存呢？这或许是因为，在美国，人工费较高，裤子经销商权衡了增加裁裤边的人工成本，与集中管理裤子的库存带来的成本节约，前者更高，因此，不会集中管理裤子的库存。

有时，不同企业间也会采用类似策略管理库存。

在航空飞机的备件管理领域，由于每个航空公司对飞机零部件的备件需求量波动较大，且备件单价又高，因此，一些在终端需求市场竞争的航空公司会选择合作，联合成立备件管理子公司，该子公司为所有航空公司服务，期望降低备件管理成本。如 1989 年 8 月，中国国际航空股份有限公司和德国汉莎航空公司联合成立了北京飞机维修工程有限公司[1]；2005年，法航工业公司和汉莎技术公司共同成立了合资企业 Spairliners[2]；2016年10月，南航集团、中航集团、东航集团、中国航材及中国国新共同改组，成立了中国航空器材有限责任公司[3]。

不仅线下门店之间可集中管理资源，线上、线下企业的合作也可降低企业面临的需求不确定性。沃尔玛和京东在达成股权合作之后，联手推出库存共享计划，实现数据共享，线上平台与线下门店深度融合[4]。双方在北京、上海、广州、深圳、成都、武汉六个城市共享销售、库存、地理位置等相关数据，消费者在京东线上下单，沃尔玛在线下配送，产生的营收和商品销售总额在双方之间分配。

集中备货，降低供需匹配的成本[5]

企业间为何愿意互相调配产品呢？

若不同门店间各自管理产品库存，对每个门店而言，持有的产品

---

1 1989年8月1日，中国国际航空股份有限公司（持股60%）和德国汉莎航空公司（持股40%）成立北京飞机维修工程有限公司（简称"Ameco"），2015年5月29日，经资源整合后，全新的北京飞机维修工程有限公司（简称"新Ameco"）仍由中国国际航空股份有限公司（持股75%）和德国汉莎航空公司（持股25%）合资经营。

2 Spairliners 面向汉莎和法航全部25架A380飞机提供零部件服务，并以自身零部件库存为依托，服务于世界A380飞机的客户群。

3 中国航空器材有限责任公司（航材共享平台公司）通过航材共享的方式，降低航空集团的航材采购和库存成本，降低流动资金的占用和固定资产的库存，提升航材资产的有效性和流动性。

4 《超市库存要实现共享？京东打造共享零售经济业态！》，http://www.sohu.com/a/160 687236_139700 [2018-03-20]。

5 关于不确定性需求引发运营成本的更多讨论见"3.1 报童备货：最优决策"。

库存水平与需求的实现值不匹配时，会产生成本。当实现的需求较少时，门店有较高的库存成本和产品剩余带来的损失；而当实现的需求较大时，持有的产品不够卖，导致消费者的流失，门店有潜在的机会成本。

若不同门店间集中管理产品库存，对每个门店而言，持有的产品有时是该门店的"砒霜"，却能够成为其他门店的"蜜饯"。或是说，不同门店之间交流产品，可双赢。

无论是线下门店间，还是线上与线下门店间产品的库存集中管理方式，能被持续实施的条件是，共同管理产品所获得的收益被分配给各门店，保证各门店的收益不小于分散管理产品时所获得的收益。

即便不同门店间的库存集中管理，这些不同门店间的库存水平可能是由品牌商集中决定的，也可能是由每个门店分别决定的。

那么，决策者需要思考的问题是，不同门店间的库存集中管理决策，或库存水平集中决策——两类不同的集中决策，相应的价值是多少呢？该问题，有待分析。

集中备货并非总是令企业降低库存水平

供需匹配成本的降低，是否因为集中备货降低了企业持有的库存水平呢？

当两间门店共同持有产品时，产品库存总量是增加还是减少呢？

假设两间门店所面临的不确定性需求均服从正态分布，若将两间门店的不确定性需求叠加在一起，总不确定性需求依然服从正态分布，但是此时的不确定性需求分布的标准差有所减小。

两间门店的不确定性需求的相关度 [1] 越低,总不确定性需求的标准差越小。

当相关度为 –1 时,门店所需持有的产品总量等于不确定性需求的均值。

当相关度介于 –1 到 0 时,门店所需持有的产品总量为,不确定性需求的均值,加上介于零和门店数量的平方根倍数之间的一个值和库存因子的乘积。

当相关度为 0 时,门店所需持有的产品总量为,不确定性需求的均值,加上门店数量的平方根倍数和库存因子的乘积。

当相关度介于 0 到 1 时,门店所需持有的产品总量为,不确定性需求的均值,加上介于门店数量倍数和门店数量的平方根倍数之间的一个值和库存因子的乘积。

当相关度为 1 时,门店所需持有的产品总量为,不确定性需求的均值,加上门店数量的倍数和库存因子的乘积。

若产品是高边际收益产品,库存因子为正,那么,门店共同持有产品时的量,小于分别持有产品时量的总和。若产品是低边际收益产品,库存因子为负,那么,门店共同持有产品时的量,大于分别持有产品时量的总和。Eppen（1979）将上述效应称为统计规模经济效应,形象化起见,此效应又被称为库存风险对冲效应。

若三间及以上数量门店共同持有产品,当不同门店间的需求正相关时,门店所需持有的产品总量为,不确定性需求的均值,加上介于

---

1 两个变量之间的相关性可能是线性的、也可能是非线性的。本文在这里只讨论两个变量存在线性相关时的相关度,即皮尔森相关系数（Pearson correlation coefficient）。两个变量 X 与 Y 的相关系数 ρ 为两个变量之间的协方差和标准差的比值 $\rho = \dfrac{cov(X,Y)}{\delta_x \delta_y} = \dfrac{E[(X-\mu_X)(Y-\mu_Y)]}{\delta_x \delta_y}$,即,其值范围为 –1 ~ +1,0 表示两个变量不相关,正值表示正相关,负值表示负相关,值越大表示相关性越强。

门店数量倍数和门店数量的平方根倍数之间的一个值和库存因子的乘积[1]。当不同门店间的需求并不总是正相关时，一事一议。

采用闭合长链的分仓可获得集中管理产品的绝大部分优势

实践中，受可行性约束，不同门店，或分仓间未必能够将所有的产品库存放在一起，统一调配，那么，是否存在一种折中对策呢？

比如，企业不是只有两个分仓，而是多个分仓之间资源的协调。那么，每家分仓应该如何响应来自其他分仓的补货需求呢？

自然地，若临近需求发生地的分仓能发货，则会提高系统的消费者服务满意率。但是，若要求临近需求发生地的分仓随时响应来自其他分仓的发货需求，且不说运费会增加，配送系统的管理复杂度也会增加。有无一种既不会增加太多管理复杂度，又能较大程度地提升消费者服务满意率的方式呢？企业的选择有三种。

第一种，分散备货。每个分仓仅满足一个地区的需求，即企业的配送系统没有柔性，这种方法虽然能够降低管理和配送成本，但是消费者服务满足率也会降低。

第二种，集中备货。让每个分仓对所有地区需求都负责，即配送系统完全柔性，此时虽然能够极大地提高对消费者订单的响应性，但

---

[1] 假设有 $n \geq 3$ 家门店，每家门店所面临的不确定性需求 x 服从正态分布 $N(\mu, \sigma^2)$，每家门店间的不确定性需求的相关度为 ρ，且 $\rho \geq 0$，即不同门店间的需求正相关，或相关度为零。共同管理 n 家门店时，企业的最优库存水平为 $n\mu + z\sigma\sqrt{n + n(n-1)\rho}$，其中，$z$ 为库存因子，是不确定性需求分布的概率分布函数之 $F(x)$ 关于产品边际利润 $p-c$ 与产品销售价格 p 比值的逆函数，即 $z = F^{-1}\left(\frac{p-c}{p}\right)$。

这也意味着管理与运输成本的增加。

第三种，半集中半分散备货。考虑介于没有柔性与完全柔性之间的一种情况——一个分仓最多满足两个地区的需求，这是在配送柔性上的最小投资。相较于没有柔性的第一种做法，虽然管理和配送成本增加，但消费者服务满足率提高；相较于完全柔性的第二种做法，虽然消费者服务满足率有所降低，但管理和配送成本减少。

进一步，考虑一种特殊的柔性系统，即分仓 1 可满足地区 1 和地区 2 的需求，分仓 2 可满足地区 2 和地区 3 的需求，依此规律连接下去，最后一个分仓可满足最后一个地区和地区 1 的需求，这种设计方式被称为闭合长链（Jordan 和 Graves，1995）。或是说，用完全错开的方式去满足不同地区的需求，前后可连成一条供给"闭合长链"。

如何衡量闭合长链带来的运营绩效呢？通过闭合长链下期望销量与完全柔性下期望销量之间的比值来衡量。若不确定性需求分布未知，在仅知道需求均值和方差的情况下，考虑最差情况下的期望销量，可得到闭合长链的最差表现，即闭合长链表现的下界。该界限只取决于随机需求的均值和标准差，这表明闭合长链在不同分布下的绩效表现具有稳健性（Wang 和 Zhang，2015）。

在靠近消费端的备货管理层面上，闭合长链管理模式发挥了分仓满足消费者需求的能力，这种能力的外在表现之一是，让消费者享受到"分钟级"的"最后一公里"的配送服务。以后线下商场、便利店、超市、快递网点有可能成为"分仓"。"分钟级"的配送体验广受欢迎，比如，盒马鲜生的核心能力，是用分布式算法和智能技术，实现 30 分钟内将生鲜产品送达消费者[1]；天猫超市的精品生鲜服务，通过把便

---

[1] 《探秘"盒马鲜生"：生鲜食品 3 公里半径 30 分钟送达，怎么做到的？》，https://www.jfdaily.com/news/detail?id=72519［2018–10–10］。

利店和快递点改造成前置分仓，可在 1 小时内将货物送达消费者[1]。

　　从供需匹配角度，多个部门间整合配送资源或采取闭合长链策略，是一件再好不过的事：充分利用资源，减少资源与需求实现之间不匹配的风险，提高彼此收益。但是，实践中，在靠近生产或上游订购端的备货管理层面上，企业可能不愿意用闭合长链策略管理产品库存。可能的原因是，企业希望保持各部分决策，比如财务绩效指标、库存周转率等运作管理指标的独立性和可评估性。

1　《天猫超市上线"闪店"服务，1 小时生鲜送达》，http://www.enet.com.cn/article/2017/0814/A20170814035544.html［2018-10-10］。

3.5 调整价格对冲需求风险[1]

赢豫:"需求不确定性的存在可能会给企业带来额外的成本,包括剩余库存持有成本和缺货惩罚成本。"

赵斐:"若企业可以调整产品价格,是否有助于弥补供应与需求不匹配所造成的成本?"

赢豫:"企业通过调整产品价格,降低需求不确定性的标准差或变异系数,降低企业备货的安全库存水平。"

赵斐:"在不同的需求不确定性情景中,企业可能调高,或调低产品价格。"

赢豫:"企业调整产品价格,令供应与需求匹配,最大化其期望收益。"

---

1 关于产品价格影响消费需求的更多讨论见"1.1 消费的经济划算"。

"安全库存因子"有何用？

如何刻画需求的不确定性程度？

企业如何通过调价降低需求不确定性？

企业面对的需求往往是不确定的。

依据学术文献中的惯常假设，不确定性市场中，短生命周期的产品需求量由两部分构成，一部分是与价格有关的确定量，另一部分是与价格无关的随机量。其中，与价格有关的确定量有两种表达形式，一是，与价格相关的那部分需求量是关于价格的线性函数，并和价格负相关；二是，与价格相关的那部分需求量是关于 格的幂函数。

为将确定性与不确定性需求对企业决策造成的影响分离开，当需求量是关于价格的线性函数时，定义安全库存因子为产品的库存水平减去与产品价格相关的需求量；当需求量是关于价格的幂函数时，定义安全库存因子为产品的库存水平和与产品价格相关需求量的比值。

当安全库存因子大于与价格无关的需求随机量的实现值时，企业会产生库存剩余成本；当安全库存因子小于与价格无关的需求随机量的实现值时，企业会产生缺货惩罚成本。

当需求量的确定部分与不确定性部分为相加形式时，企业调低价格，可降低需求不确定性

当需求的不确定部分均值为零时，企业的期望利润由两部分构成，一部分是确定性需求带来的利润，等于产品的销量与产品的单

位利润的乘积，其中，产品的销量为与价格相关的那部分需求量，产品的单位利润为售价与订购成本的差值；还有一部分是由不确定性需求带来的成本，包括库存处置成本和缺货惩罚成本。所以，企业的期望利润为确定性需求带来的利润与不确定性需求带来的成本之间的差值。

　　需求不确定性越大，企业所需要付出的成本越多，企业的目标在于尽可能减少需求的不确定性，提高利润。

　　若企业的利润函数是关于产品定价的凹函数，对任意给定的安全库存因子，总有最优的价格与之相对应；该最优价格是，需求量确定时的最优定价和一个关于安全库存因子的函数的差值。或是说，需求不确定性的存在，使得面对不确定性需求时企业的最优产品定价小于面对确定性需求时企业的最优产品定价（Petruzzi 和 Dada，1999）。即企业通过降低产品定价，使其所面临的需求不确定性程度变小。

　　何为需求不确定性程度呢？有两种方式刻画需求的不确定性程度：标准差和变异系数。标准差或者变异系数越小，需求不确定性越低。

　　需求量的确定部分关于价格是相加形式，即线性函数时，企业面临的不确定性需求的均值为与价格相关的确定性需求量，标准差为不确定性需求的随机量的标准差，产品价格不影响需求量的标准差，但是产品价格会影响产品的需求量均值，进而影响变异系数。因此，产品价格越低，需求量的均值越大，变异系数越小，不确定性就越低[1]。

1　产品需求函数为 $D=y(p)+\varepsilon$，其中 $y(p)=a-bp$。函数 D 的标准差为 σ，均值为 $a-bp$，变异系数 $cv=\frac{\sigma}{a-bp}$。产品价格降低，不影响需求函数的标准差，但需求均值增大，进而降低需求函数的变异系数。

当需求量的确定部分与不确定性部分为相乘形式时，企业调高价格，可降低需求不确定性

当需求量的确定部分是关于价格的幂函数时，随机分布函数以乘积的形式影响需求量，所以确定性需求为企业带来的期望收益为，产品销量与产品单位利润的乘积，当需求的不确定部分均值为 1 时，产品销量为确定性需求量，产品单位利润为产品的售价与产品订购成本的差值。不确定性需求产生的成本由两种组成，一种是安全库存因子大于与价格无关的产品需求量时的成本，包括订购成本和库存处置成本；还有一种是安全库存因子小于与价格无关的产品需求量时的成本，包括产品单位利润与缺货惩罚成本。

需求不确定性的存在，使面临不确定性需求时企业的最优产品定价大于面临确定性需求时企业的最优产品定价（Petruzzi 和 Dada，1999）。或者说，企业通过提高产品定价，使其所面临的需求不确定性程度变小。

上述结论，与需求量的确定部分是关于价格的线性函数情景下的结论不同，为何？

若随机分布函数是以乘积的形式影响需求量，企业面临的不确定性需求的均值为与价格相关的确定性需求量，标准差为与价格相关的确定性需求量和随机量标准差的乘积。产品定价不影响需求量的变异系数，但是价格越高，需求量的标准差越小。因此，产品的价格越高，需求量的不确定性就越低 [1]。需求不确定降低会减少企业因不确定性付

1　产品需求函数为 $D=y(p)\varepsilon$，其中 $y(p)=ap^{-b}$。该函数的标准差为 $ap^{-b}\sigma$，均值为 ap^{-b}，变异系数 $CV=\sigma$。产品价格提高，不影响需求函数的变异系数，但 ap^{-b} 的减少会降低需求函数的标准差，进而降低不确定性。

出的成本，进而提高企业利润。

当知道市场需求不确定性与产品价格之间的关系时，企业可依情况，通过调整产品价格，减少市场需求不确定性，降低运营成本，提高收益。

然而，理想丰满，现实骨感。在学术界，一般采用上文中的两种方式分离需求中的确定性与不确定性；但在实践中，随机量可能和价格有关。或是说，这句话不是对一个客观事实的描述。

3.6 概率型售卖产品：调整市场份额[1]

赢豫："商家概率性地售卖产品，有什么例子？"

潘霞君教授："在美国，Massdrop.com 网站上，商家售卖概率型耳机，消费者支付一个固定价格，有一定概率获得零售价为 49 美元的耳机，也有一定概率获得零售价为 209 美元的耳机。在 Hotwire.com 网站上，商家提供概率型车型，消费者支付一个固定价格，有一定概率获得一个加大版的车型。"

赢豫："在 Massdrop.com 网站上，商家宣称的概率是真实的吗？"

潘霞君教授："Massdrop.com 商家宣称了，消费者就认为是真实的。似乎，没有消费者怀疑过商家所宣称的概率。"

赢豫："在 Hotwire.com 网站上，商家为何愿意以一定概率'免费'为消费者提供加大版的车型呢？"

潘霞君教授："商家把正常版的车型与概率型车型的价格设置为相同，将正常版的车型设置为诱饵，吸引消费者去购买概率型车型。"

1　关于企业售卖概率型产品策略的更多讨论见"6.2 柔性化管理机票供应量"。

何为概率型产品？

消费者为何愿意为概率型产品埋单？

企业为何愿意售卖概率型产品？

　　潘霞君教授提及的概率型车型、概率型耳机，是一种具有彩票属性的产品；消费者支付一个较低价格，却有机会获得一个较高质量水平的产品。企业提供这类概率型产品的动机是什么呢？是吸引那些原先犹豫是否购买产品的消费者，让他们做出购买决定，扩大市场需求。这类产品被称为纵向差异化的概率型产品。

　　实践中，还存在横向差异化的概率型产品——消费者支付一个较低价格，获得信息模糊但质量差异不显著的产品。比如，酒店为保护品牌形象，通过第三方客房销售平台，如携程[1]，以较低价格售卖概率型客房，隐藏酒店的名称与地址，设法抓住那些对酒店位置、出行主题等没有要求且支付意愿较低的客人；与此同时，酒店还可提供明确的酒店位置、推出主题客房，抓住那些支付意愿较高的客人。笔者曾陪家人到广州长隆野生动物园游玩，考虑到携带小朋友同行，便在携程上预订主题为"野趣房"的客房，满足小朋友对动物世界的各种幻想。

消费者的视角

● 纵向差异化概率型产品的购买者[2]

消费者在不同商业情景中的思考，不是绝对理性的，而是相对理

1　《神秘酒店使用指南》，http://pages.ctrip.com/commerce/promote/201112/hotel/hx_02/index.html［2018-10-07］。
2　关于消费者购买产品经济划算和感觉划算的更多讨论见"1.1 消费的经济划算"和"1.2 消费的感觉划算"。

性的。

消费者会把注意力放在容易评价的产品属性方面。以红酒购买为例，在商店购物时，价格是一个容易比较的维度；而在餐馆购买时，质量是一个容易比较的维度。因此，在商店时，消费者更容易购买价格便宜的，如产地为澳大利亚的红酒；而在餐馆时，消费者更容易购买质量较高的，如产地为法国的红酒。

商家知晓了消费者购物决策的场景依赖心态，可以设置一些诱饵，诱导消费者购买某类产品。譬如，在确定型产品属性售卖环境基础上，增加一个概率型产品，使在某个确定型产品属性的衬托下，概率型产品的销售有所增加，也就是说，某个确定型产品只是一个诱饵，被用于引导消费者选择概率型产品。这可能是 Hotwire.com 提供概率型车型的运营之道（Zheng，Pan 和 Carrillo，2018）。

● 横向差异化概率型产品的购买者

消费者有两类：一类是对产品信息明确度要求较高的消费者，一类是对产品信息明确度要求较低的消费者。

何为对产品信息明确度的高与低？譬如，小杰和小联分别在携程上预订酒店，结果入住时发现酒店是一模一样的，但是所付的价格却不同。小杰只想要信息确定的酒店，便支付了每晚 500 元的房费；而小联想着预订一个某个星级、地理位置在某个区域的酒店就可，便预订了神秘酒店，支付了每晚 450 元的房费。那么，小杰是对酒店信息明确度要求较高的消费者，而小联则是对酒店信息明确度要求较低的消费者。

携程提供神秘酒店，就是抓住了小联这类消费者的心理。

相对于确定型酒店，消费者是否更愿意接受神秘酒店呢？直观上，消费者想象得到某酒店的可能性，进而计算神秘酒店给自己带来的期望效用，通过与其价格进行比较，判断预订是否合算。

消费者真会这么想吗？预订神秘酒店是一种单次博弈行为，而期望效用是一种基于加权求和的思想，背后是一种多次博弈决策行为，两者存在本质的不同。

从多次博弈决策到单次博弈决策，消费者的选择体现出了从补偿性法则到非补偿性法则之间的变化。补偿性法则和非补偿性法则的区别即为《易经·蒙卦》"初筮告，再三渎，渎则不告。"[1]（李纾，2016）

补偿性法则为基于加权求和的期望效用法则，非补偿性法则忽视选项间的次要差别，而基于主要差别做出判断。

非补偿性法则是一种字典式偏好，在决策者对两者进行比较时，首先选定一些属性作为比较的线索，这些线索在进行检验时，有事先设定的检验顺序，一旦两者在某个属性线索上的差异足够显著，也即超出预先设置的阈值，则得出比较结果（Tversky，1969）。

以神秘酒店为例，若消费者对于神秘酒店的任意一种可能属性与自己心仪的属性间的差异感受不大，企业提供神秘酒店，让消费者避免纠结，那么消费者就可把注意力放在价格上。若消费者对神秘酒店中的一种属性与自己心仪的属性间的差异感受很大，那么消费者会忽视神秘酒店与确定型酒店间的价格差，而会去预订确定型酒店。

低支付意愿的消费者并非总是乐意去购买价格低的概率型酒店，这取决于消费者是采用补偿性法则还是非补偿性法则。

退一步，即便消费者不在乎产品缺失信息所带来的价格优惠，对于纠结购买哪一个产品的消费者而言，神秘酒店能缓解他们的购物决策困惑。这么说来，神秘酒店的设计是一种"以小拨大"的机制，吸引那些纠结预订哪个酒店的消费者尽快决策。

---

1 初次占筮则告诉结果，再三占筮是亵渎神明，亵渎就不告诉他。

企业的视角

企业售卖概率型产品，让消费者有机会以优惠价格购买产品。

● 价格歧视 vs 市场份额调整

企业为何要采用概率型售卖产品的方式呢？无论是横向差异化产品，还是纵向差异化产品的概率型销售，均存在两个效果，彼此牵制。

一是价格歧视。实施概率型销售，可以让具有不同支付意愿的消费者支付不同的价格，影响企业销售产品的边际利润率。相对于仅提供确定型产品，当企业提供横向差异化概率型产品时，企业能够提高确定型产品的售价；当企业提供纵向差异化概率型产品时，企业将确定型产品作为"诱饵"，推高消费者对纵向差异化概率型产品的支付意愿。

二是市场份额调整。概率型产品对市场份额的影响表现在两个方面。一方面是侵蚀市场份额。增加概率型产品可能使得，某些选择支付一个较高的价格购买属性明确产品的消费者，转而选择支付一个较低的价格去购买属性不明确的概率型产品（Fay 和 Xie，2008）。另一方面是扩大市场份额。低支付意愿的消费者会从不购买产品，转变为购买价格相对较低的概率型产品。

● 运营成本 vs 销售收入

概率型售卖方式可能会令企业动"歪脑筋"。若消费者倾向于购买概率型产品，则企业始终将具有较高现货库存的产品分配给消费者，或故意给消费者提供一些滞销品。消费者会质疑企业借概率销售之名，行促销滞销库存之实。

那么，企业实施概率型售卖产品方式，相对于所增加的收入，节约的库存成本是较高还是较低呢？

考虑两个水平差异化及需求对称的产品，当两个产品需求对称时，消费者购买概率型产品，企业的最优库存策略是，将具有较高现货库存的产品分配给消费者；并且，只需要少部分的消费者购买概率型产品，企业就可以减少库存成本。

若企业增加概率型产品的折扣，使购买概率型产品的消费者数量增加，还可能会导致收入减少，此时节省的库存成本也无法弥补收入的减少。

概率型销售对成本的降低比例远超对收入增加比例的影响。多数情况下，概率销售策略中，企业的利润提高是因为库存成本的降低，而非收入的增加（Elmachtoub 和 Wei，2015）。那么，消费者对企业借概率销售之名，行促销滞销库存之实的质疑，并非空穴来风。

行笔至此，笔者自问，会在 Hotwire.com 上选择纵向差异化的概率型车型吗？不会，因为笔者没有美国的驾照；会在 Massdrop.com 上选购概率型耳机吗？会，因为笔者对耳机的品质不敏感，若有幸获得一个高品质的耳机，是一个意外之喜；会在携程上预订神秘酒店吗？不会，因为笔者的多数出差，都是因会议、学术访问，需要住在距离会场较近的地方。

生产管理

——批量的大与小

CHAPTER
4

Production Management:
Batch Size

4.1 生产管理：成本构成

　　赢豫："制造型企业为获取更多利润，需考虑如何最小化产品的供应成本。企业需考虑的成本包括单位产品的边际生产成本、库存持有成本和生产准备成本。"

　　陈继光教授："在讲解上述概念时，我举例，一位学者要处理多个工作，而每次只能做一个任务，譬如准备演讲稿、修改文章、访谈等，每个任务之间切换时会有切换成本，即'生产准备成本'，如何提高效率又不让其中的每个任务耽搁太久呢？"

　　赢豫："这和制造型企业面临的问题类似。企业在最小化三类成本之和时，需要理解三类成本的内涵。"

　　陈继光教授："若每位决策者能够理解做事情的成本，就能更好地进行资源配置。这是核心竞争力。"

固定成本与可变成本在生产运营决策中如何体现？

如何策略性激发工人劳动和创造积极性？

生产规模总能产生规模经济效应吗？

在日常生活中，决策者的准备成本多是体现在心理感受上。

陈继光教授的时间管理业务中，最重要的一项成本支出是，从一类工作切换到另一类工作所需付出的准备成本。笔者曾患咳疾，于是购买了雪梨、冰糖，想象自己会煮上一碗冰糖雪梨汤，以缓解咳疾的症状；过了几周，当早已痊愈的笔者打开冰箱时，发现，那雪梨原封不动地躺在冰箱里。闻此雪梨的经历，李皓语揶揄笔者道：你高估了自己动手煮汤的动机，低估了煮一碗汤所需要付出的心理准备成本。

在企业的生产管理中，同样存在类似的生产准备成本。

到此，读者可能会追问，在报童模型中，企业为何不考虑准备成本呢？因为报童模型的分析理念适用于一次或有限次的订购决策，是否考虑订购准备成本，并不影响后续的订购量决策。

固定成本：生产准备成本[1]

采用专一化生产线的企业，准备生产和运输一批产品时，需要支付运输成本、机器调试成本等生产准备成本。

一是，若企业采用到货交割方式，需要将产品运输到客户手中，一辆容量给定的卡车，无论是否满载，包括燃油费、过路费等在内的运输成本多是固定的。

1　关于固定成本影响企业生产策略的讨论见"4.4 生产管理：降低生产准备成本"。

若企业采用离岸生产方式,把企业原先设于本土的工厂整个搬到海外,如从美国搬到中国,运输成本受汇率影响,相应的计算会变得较为复杂。

二是,无论每次生产多少数量,每次生产前,企业都需准备相关的操作手册、调试机器设备。若企业采用 3D 打印制造技术,准备成本是什么含义呢? 3D 打印制造的准备成本包括产品设计成本和原型制造成本;从实际意义角度,该 3D 打印制造中的准备成本与传统制造业中的不同,但从理论分析角度,两者类似。

生产型企业需要支出的成本,除了固定成本,还有可变成本。

可变成本:产品持有成本

采用专一化生产线的制造型企业的生产设备多不具有按需生产的柔性,因此会出现消费者的需求批量与企业的经济生产批量不匹配的情况。企业未必总能及时满足消费者的订购需求。

若将企业置于其所处的供应链系统中考虑,企业作为其供应商的"消费者",面临着企业的需求批量小于供应商的生产批量,供应商会综合考虑自己的生产可变成本、库存持有成本及生产准备成本等,在汇总到一定订购数量后,方组织生产。

若企业生产的产品数量过多,那些被生产出来而没有被消费者买走的产品,滞留在仓库中,一方面会发生库存持有成本;另一方面库存积压导致资金被占用,会发生资金机会成本。

采用柔性化生产线的企业,如 JIT、3D 打印制造技术等,几乎不需要考虑产品库存持有成本,只需考虑原料库存持有成本。

可变成本：工人劳务费

工人劳务费是指，企业在生产组织过程中，以计件工资的形式支付给工人的劳务费。

● 工人学习效应引发规模经济效应，降低计件工资水平

随着工人操作技术的提高，熟能生巧的工人完成一件产品所需工时降低，单位时间内工人生产的产品数量增多，据此，企业可降低支付给工人的单位产品的计件工资水平。

这种单位产品的可变成本随着企业生产产品数量的增加而降低，是因为工人不断地积累工作经验，缩短了加工单位产品所需时间的长度，该现象被称学习效应（Yelle，1979）。

制造业领域的学习效应在中国尤其明显。

一是，拥有一个庞大的国内市场进行"练手"，赋予了中国制造商巨大的竞争优势，只要消费者购买产品，就会给制造型企业带来持续发展、学习和进步的资金与机会。

二是，中国的制造商能压低付给工人的计件工资水平，源于中国的充足劳动力导致的劳动力价格低廉。其中，年轻打工女性还可能遭遇家庭父权主义的影响：她们先是被送入工厂工作几年，而后被拉回家结婚生子。关于此现象的纪实描述，可参阅张彤禾（2013）。

若让多数制造型企业为生产最新的量产产品报价，企业的报价通常会低于当下生产此产品的成本。这是因为，随着产品生产数量的增加，制造型企业的工人将学会如何更快地生产产品、使用更廉价的代用材料等，从而降低单位产品的可变成本，提升利润。

企业生产成本的规模经济效应也可能是由工人的主动学习引发的。

与因重复加工带来的"副产品"——自发学习不同，主动学习强

调企业的管理者和工人在时间和资源方面的投入，譬如，员工培训、生产流程优化都可被称为主动学习。

然而，工人学习效应带来的规模经济效应，无法成为企业可以长期依赖的竞争力。原因有二。

一是，无论是自发学习还是主动学习驱动的规模经济效应，企业均专注于基于经营效率的竞争，大打价格战，最终，不仅两败俱伤，也没有让企业获得比竞争对手更持久的竞争优势。回看历史，美国的制造业曾经一度被日本击败，日本通过制造物美价廉的电子产品颠覆了美国的电子产品市场；再后来，中国台湾地区、韩国及新加坡颠覆了日本市场。随后，电子产品的生产基地，又从中国的台湾地区转移到珠三角地区，再从珠三角地区转移到内陆地区；如今又从中国内陆地区转移到越南等地，这是企业为降低劳动力成本不断转移生产基地的过程。

若中国制造业企业继续遵循跨国巨头主导下的国际产业分工协作，企业将会被"锁定"在低附加值的制造装配环节……看看广东东莞等外商代工基地，在外资撤离并搬迁至越南、印度等低成本国家之后，市场一片萧条……

二是，制造加工技术的发展，使一些企业可实施"关灯工厂"，而无须再雇用流水线工人。譬如，富士康已运营一些"关灯工厂"，这些工厂产生了很多有价值的数据，借此与智能制造链接，可以形成新的竞争优势[1]。

● 激发工人劳动和创造积极性的策略

工人是人而非机器。企业能否不增加，或少增加成本，而激发工

1　《富士康用 AI 打造"关灯工厂"，不再是代工厂》，http://www.eefocus.com/industrial-electronics/403071〔2018–12–10〕。

人的劳动和创造积极性？企业可从企业文化抓起。

将企业的愿景具象化为工人每日要完成的绩效目标。笔者曾到一家汽车制造企业参观，每条子生产线上的线长在讲解自己所负责区域的精益管理做法时，无一例外，均从公司的愿景讲起，工人会感受到一种巨大的拉力，驱使他们沿着管理者期望的方向前进，据此来推动工作绩效的持续改善。

又如，企业调整给工人发放工资的方式，激发工人的劳动积极性。Hossain 和 List（2012）以一家中国电子制造厂的经理人为研究样本，这些经理人致力于使奖金机制更加有效。其中一组工人在一周工作开始时获知，如果他们能够完成既定的生产目标，则在周末可获得 80 元人民币的奖励；另一组的工人在一周工作开始时就得到了同样数字的"临时性"奖金，如果到周末他们的工作没有达到和前面那些工人相同的目标，这些奖金将被收回。基于损失厌恶理论，第二种奖金方案更能激励员工。因为，在第二组中，工人们会认为这个"临时性"的奖金是归他们所有的，如果后期被收回，就会感受到更大的损失，因此，为防止奖金被收回，后者会更加努力地工作。

若企业临时要求工人加班且采用计件工资的形式支付加班费，工人可能也不愿意加班。这是因为新时代的工人除了关心薪水，也关心平等和自我价值的实现。

可变成本：生产运作成本

● 生产规模增大引发规模经济效应

企业生产系统运作的可变成本随着生产规模的增大而减少。譬如，安徽海螺集团采用干法做水泥，其生产规模越大，边际生产成本越低。

这是因为，水泥行业进入门槛较低，行业集中度比较低，在水泥生产行业，营业收入排名第一的海螺水泥远超排名第二的公司[1]。产品同质化严重时，规模优势在同质化产品竞争中是核心竞争力。

生产规模的增大常常使企业在可变成本上具有规模经济效应，但并非总是如此。

● 生产规模增大引发规模不经济效应

规模不经济效应，即单位产品的可变成本随着制造型企业所生产产品数量的增加而增加。诱发规模不经济效应的原因有如下可能。

管理成本增加。当企业的生产规模逐渐增大时，为保证控制幅度的可管理性，企业内部管理衍生出官僚体制，导致生产运作的规模不经济。这是因为，企业的规模与管理的难度成正比，企业须分设复杂的管理层次，设计激励机制，从而造成可变成本的增加。

采购量的非经济性。企业单位产品的采购成本可能随着采购量的增加而增加。直观上看，企业的采购成本遵循量大从优原则，单位产品的采购价格随着采购量的增加而降低。然而，若供应商对企业所采购原材料的供应有限，企业的批量购买行为未必能获得数量带来的价格折扣。具体来说，当供应商的产能受限时，企业的采购量越大，反而与供应商的谈判权利越小。

1 《海螺水泥深度分析报告》，https://baijiahao.baidu.com/s?id=1605743973595434080&wfr=spider&for=pc［2018-11-24］。

　　读到此处，读者可能要追问，成本就是成本，为何要分为固定成本与可变成本呢？这是因为，固定成本描述的是，无论生产批量大小，企业每开工生产一次，均会支出的一类费用；而可变成本描述的是，企业每生产一单位产品，所需支付的一类费用。

4.2 需求确定时的生产策略

赢豫:"需求确定时,制造型企业的最优经济生产批量条件,使其承担的库存持有成本和生产准备成本的边际相等,为何?"

赵斐:"企业承担的成本包括两部分,一部分是生产准备成本,一部分是库存持有成本。在需求确定的前提下,若单位生产准备成本过高,则企业每次会多生产一些产品;若单位库存持有成本过高,则企业每次会少生产一些产品。企业的最优生产批量是,单位产品生产准备成本和单位产品库存持有成本相等时,对应的量。"

赢豫:"给定最优生产批量时,企业承担的总库存持有成本和总生产准备成本相等,为何?"

赵斐:"在最优生产批量条件下,由于企业面临的需求是确定的,总生产数量等于需求量,且单位产品生产准备成本与单位产品库存持有成本相等,因此总库存持有成本和总生产准备成本也相等。"

企业确定最优经济生产批量时，需要权衡什么？

决策者为何可能偏好做库存生产周期指标的决策？

最优经济生产批量具有什么鲁棒性？

经济生产批量的研究见诸文献的记录可追溯至 Harris（1913）和 Wilson（1934）。此模型与报童模型并称为运营管理领域中的"同一首歌"。

经济生产批量适用的决策情景有如下特征：一是消费者对产品品类需求不高，企业的生产设备不需具有较高的按需生产的柔性；二是企业的生产线开工、停工所引发的成本相对较高；三是所生产产品的需求市场较为稳定，企业不需要为了应对需求不确定性，而准备安全库存。

经济生产批量决策 [1]

采用专一化生产线的企业，确定经济生产批量时，需权衡如何使单位时间内的生产准备成本和库存持有成本之和最小。

若企业确定的生产批量较大，那么单位时间内发生的生产准备成本较低，但是单位时间内持有的库存量大，会导致较高的库存持有成本。

若企业确定的生产批量较小，因为单位时间内持有的库存量小，从而库存持有成本较低，但企业的生产准备次数增加，单位时间内发

---

1 企业的最优经济生产批量 $Q^* = \sqrt{\dfrac{2mK_0}{ic+h}}$，其中，$h$ 是单位时间单位产品的库存持有成本，i 是单位时间单位资金占用成本率，c 是单位产品采购成本，m 是单位时间需求量。

生的生产准备成本较高。

上述讨论不考虑生产单位产品的可变成本。

若单位产品的生产在可变成本上不具有规模经济性，即单位产品的可变成本不随着生产量变动，那么企业在确定最优经济生产批量时，就无须考虑此成本。为何？因为无论是在单位时间内，还是在给定的一段时间内，企业所面临的需求量都是给定的，也就不影响企业的生产决策。

若单位产品的生产在可变成本上具有规模经济性，即单位产品的可变成本随着企业生产量的增加而减少，企业的最优经济生产批量，随着在可变成本上规模经济性的增加而增加。反之，若单位产品的生产在可变成本上具有规模不经济性，企业的最优经济生产批量，随着在可变成本上规模不经济性的增加而减少。

最优经济生产批量决策与库存性能指标的非等价性：行为视角

企业经济生产批量决策的直接目的，是降低总运营成本，手段是提高库存周转率。若企业的库存周转慢，可能说明企业的库存管理不力，或销售状况不好，导致库存积压，产品毛利率再高，企业也未必能赚到钱。

苹果公司在亚洲的产品仓库，库存周转率可达到一年 25 次。库克去亚洲出差，亚洲区团队耳闻库克的精益求精作风，准备了一个史无前例的库存周转计划：一年 100 次。库克追问，能否做到一年 1000 次？随后，亚洲区团队让部件和原材料都放在工厂中等待装配，成品则随时运送给顾客，用空运取代海运，缩短运送时间。

这一系列做法虽然没有让库存周转率达到一年 1000 次，却可实现每天 1 次。

实践中，如库克一般，多数企业的决策者会将库存性能指标，如库存周转率或库存生产周期，作为决策变量，而不会直接决定生产批量。为何？直观而言，当决策者面对一个难题时，会将复杂问题简单化，试图去回答一个简单问题；实际上，决策者并不知道自己做了这种替换（Kahneman 和 Frederick，2002），尤其是当涉及的关系是非线性时（Sterman，2002）。

对决策者而言，库存生产周期指标和生产批量之间的关系是线性的，用库存生产周期代替生产批量，有助于决策者正确地估计库存成本的变化；而库存周转率指标和生产批量之间的关系是非线性的，决策者可能会错估库存成本的变化[1]。

Stangl 和 Thonemann（2017）请科隆大学的学生做关于库存周转率或库存生产周期的决策，发现，相较于做库存周转率决策的被试，做库存生产周期决策的被试有更大的可能做出最优决策，而且被试付出的努力也较少。

除了上述解读视角：库存生产周期指标和生产批量之间的关系是线性的，让决策者做库存生产周期指标的决策，有利于决策者做出最优决策，还有其他解读视角吗？

带着这个问题，笔者拜访在电商行业供职的宋高歌博士，她是这样解读的，库存生产周期指标决策可以直观地提示库存决策者剩余的产品还可以卖多少天，有利于产品库存的日常管理；而库存周转率，

1　假设产品年需求率为 m，企业决定经济生产量为 Q，相应地，产品年库存周转率为 R，生产周期为 T。一年按照 360 天计，则 $R \times T=360$，又因 $R= \frac{m}{Q}$，可得 $T= \frac{360}{m} Q$。因此，库存生产周期和生产批量之间的关系是线性的，而库存周转率指标和生产批量之间的关系是非线性的。

比如一年周转 12 次、一个月周转 1 次，是在一个比较长的时间框架下去评价库存系统，更像一个结果评估的指标，对库存管理的绩效评价不如库存生产周期指标来得直接。

这给决策者的启示是，库存管理经理人应该做关于库存生产周期指标的决策，而不是做库存周转率决策。

而对财务人员来说，将库存周转率作为决策目标会是一个更好的选择。因为，企业利润是在资金→原材料→产品→销售→资金的循环活动中产生的，如果这种循环很快，那么在等额资金条件下的利润率也就高，表明企业以相同的资产占用实现的主营业务收入更多，说明企业资产的运用效率更好，进而使企业的偿债能力和盈利能力均得以增强。反之，则表明企业利用资产进行经营活动的能力差，效率较低。

依笔者的理解，库存生产周期指标，对库存周转率的思考是一个宽框架思维方式，决策者会在一个相对较长的时间范畴内，思考其中的各项成本；而对库存生产周期，或产品可卖时间的思考是一种窄框架思维方式，决策者会在一个相对较短的时间范畴内，思考其中的各项成本。相对于宽框架思维方式，窄框架思维方式更有利于决策者做出日常的最优决策。关于宽框架与窄框架的更多讨论，可参阅李娟（2017）。

最优经济生产批量的鲁棒性[1]

● 生产批量变动引发成本变动的代价

企业生产产品的总成本包括三部分：生产准备成本、库存持有成

---

[1]　关于不确定需求情境中企业生产量决策的鲁棒性讨论见"4.3 需求不确定时的生产策略"。

本和产品的边际生产成本。假定产品的总需求量是固定的，产品的边际生产成本是固定的。

若在企业的总成本中不考虑产品的边际生产成本，则最优生产批量无论是增加一倍，还是减少一半，均会导致成本增加25%。这是因为，若生产批量多一倍，较之前，库存持有成本增加100%，生产准备成本减少50%[1]。

在最优经济生产批量条件下，企业承担的库存持有成本和生产准备成本相等[2]，那么仅考虑库存持有成本和生产准备成本这两部分成本时，这两部分的平均总成本仅增加了25%=0.5×（100%-50%）。同理，若生产批量少了一半，较之前，库存持有成本减少了50%，生产准备成本增加了100%，这两部分的平均总成本仅增加了25%=0.5×（-50%+100%）。

若在企业的总成本中考虑产品的边际生产成本，则生产批量上一个100%的误差引起总成本的误差是小于25%的[3]。

1　单位时间内，产品的生产成本为 cm，生产准备成本为 $\dfrac{mK}{Q}$，库存持有成本为 $\dfrac{(ic+h)Q}{2}$，所以企业单位时间内的生产总成本 $F(Q)=C(Q)+cm=\dfrac{(ic+h)Q}{2}+\dfrac{mk}{Q}+cm$。单位时间内生产总成本关于生产批量的一阶导数函数 $\dfrac{\partial C}{\partial Q}=\dfrac{(ic+h)}{2}-\dfrac{mK}{Q^2}$，其二阶导函数大于零，单位时间内生产总成本是关于生产批量的凹函数，所以最优生产批量为一阶导函数等于零时的取值，即 $Q^*=\sqrt{\dfrac{2mK}{ic+h}}$，最优成本 $C(Q^*)=\sqrt{2Km(ic+h)}$。

2　给定企业最优经济生产批量，单位时间内企业的库存持有成本为 $\dfrac{(ic+h)Q^*}{2}=\sqrt{\dfrac{Km(ic+h)}{2}}$，生产准备成本为 $\dfrac{mK}{Q^*}=\sqrt{\dfrac{Km(ic+h)}{2}}$，企业的库存持有成本等于生产准备成本。

3　单位时间内，假设实际订购量 $Q=\delta Q^*$，对应的单位时间成本 $C(Q)=\left(\dfrac{1}{\delta}+\delta\right)\sqrt{\dfrac{Kmh}{2}}$。因此 $\dfrac{C(Q)-C(Q^*)}{C(Q^*)}=\dfrac{\frac{1}{\delta}+\delta-2}{2}$。当 $\delta=2$ 或 0.5 时，$\dfrac{C(Q)-C(Q^*)}{C(Q^*)}=25\%$。若考虑单位产品的采购成本，最优生产成本为 $F(Q^*)=\sqrt{2Km(ic+h)}+cm$。生产批量上增加或减少100%，引起的生产总成本增加为 $(1+25\%)\sqrt{2Km(ic+h)}+cm<(1+25\%)$ $(\sqrt{2Km(ic+h)}+cm)$。

最优经济生产批量的鲁棒性给企业带来什么好处呢？其有利于企业同时协调多种需求相互独立的产品的生产间隔或生产量，节约成本。

● 生产时间间隔取整

面对多产品生产决策，企业可采取 2 的幂次策略的整数比率生产策略。所谓整数比率生产策略是指，给定最优的经济生产批量，使产品的生产时间间隔为 2 的指数乘以一个基础计划周期 T_B，即 $T=T_B2^k$，其中 $k \in \{0,1,2,3,\cdots\}$。

采用 2 的幂次策略的整数比率生产策略得到的成本与最优成本的误差不超过 6%（Roundy，1985）[1]。

企业实施 2 的幂次策略，主要是为了协调多个产品间的生产计划。

1 　记企业的订购周期为 T，因此 $C(Q) = \dfrac{(ic+h)Q}{2} + \dfrac{mK}{Q} = \dfrac{K}{T} + \dfrac{(ic+h)Q}{2} = \dfrac{K}{T} + \dfrac{(ic+h)mT}{2}$，令 $g = \dfrac{(ic+h)m}{2}$，则 $C(T) = \dfrac{K}{T} + gT$，得最优生产周期 $T^* = \sqrt{\dfrac{K}{g}}$，最优成本为 $C(T^*) = 2\sqrt{Kg}$。令 T 为最优的 2 的幂次策略下的生产周期。由于 f 是凸函数，最优 k 为满足下式的最小整数：$C(T_B2^k) \leq C(T_B2^{k+1})$。因此 $\dfrac{K}{T_B2^k} + gT_B2^k \leq \dfrac{K}{T_B2^{k+1}} + gT_B2^{k+1}$，可得 $T_B2^k \geq \sqrt{\dfrac{K}{2g}}$，即 $T \geq \dfrac{1}{\sqrt{2}}T^*$。由最优 k 定义得 $T \leq 2 \times \dfrac{1}{\sqrt{2}}T^* = \sqrt{2}T^*$。因此给定 T_B，最优的 2 的幂次策略的生产周期在区间 $\left[\dfrac{1}{\sqrt{2}}T^*, \sqrt{2}T^*\right]$ 中。$C\left(\dfrac{1}{\sqrt{2}}T^*\right) = C(\sqrt{2}T^*) = \dfrac{1}{2}\left(\dfrac{1}{\sqrt{2}} + \sqrt{2}\right)C(T^*)$，由于 $C(T)$ 是凸函数，得 $\dfrac{C(T)}{C(T^*)} \leq \dfrac{1}{2}\left(\dfrac{1}{\sqrt{2}} + \sqrt{2}\right) \approx 1.06$。因此，2 的幂次策略保证总成本增加不超过 6%（Roundy，1985）。

　　生产型企业确定的经济生产批量决策，在库存持有成本和生产准备成本之间权衡，使企业承担的总成本最小。理论上，企业可以只做最优经济生产批量的决策，但是实践中，企业做的决策可能是库存周转率或库存生产周期。企业用库存生产周期指标代替生产批量，决策的效果好于用库存周转率指标代替生产批量。若企业的最优经济生产批量决策有偏差，无论是增加一倍，还是减少一半，均导致成本增加 25%。

4.3　需求不确定时的生产策略

又到换季时节，郑旖旎陪夏秋妹到南京的新街口商业区购置下一季的衣服。经过一番挑选，夏秋妹选好心爱之物，并请服务员打包。

郑旖旎："服务员将对应你尺码的衣服从衣架上取下、包装，另一位服务员从店铺的仓库中取出款式、尺码相同的衣服，快速地熨烫好后，又挂在衣架上了。"

夏秋妹："衣架上若空了，服务员会立刻补货，而店铺的衣服库存减少，服务员却不会立刻补货。这让我想起基础生产策略和（s，S）生产策略。"

郑旖旎："店铺陈列中的衣架采用基础生产策略，是因为服务员将衣服从店铺的仓库中取出并熨烫，几乎不产生准备成本，因此总是试图将衣架都挂满衣服。而店铺的仓库采用（s，S）生产策略，是因为服务员若向衣服的供应商订货，无论订多订少，每次都要支付一定数额的运费，因此，服务员会在店铺的库存量降到一定水平，即 s 时，才下单，并且每次"补货"量也是不确定的，因为只需要将库存水平补到 S 就可。"

短视生产策略一定不是最优决策吗？

何为对偶平衡策略？

生产准备成本如何影响企业的生产决策？

实践中，企业为何执行近似最优的生产决策？

在报童模型的订购决策问题中，企业考虑的问题是多订购导致的库存持有成本和少订购导致的销售机会损失之间的权衡。

在多期生产决策情景中，当期卖不掉的库存可留到下期销售，企业的当期目标成本为，当期成本和折现后的下期目标成本之和。当期的库存有两种去向，一种是在当期被售卖，另一种是被留到下期，影响下期的目标成本。把当期剩余库存留到下期售卖，相当于下期可减少产品生产量。

在郑旖旎与夏秋妹的购物情景中，商家的补货决策，类似于多期生产决策情景中，企业所面临的生产决策。

不发生生产准备成本的生产策略：理论家视角

● 全局最优策略

给定期初的库存水平，企业的目标是达到最小化目标成本的期末库存水平。很自然地，企业把能最小化目标成本的库存水平视为一个临界值，当期初库存水平小于该临界值时，企业就生产，将库存水平提升至该临界值；而当期初库存水平大于等于该临界值时，企业无须生产。

这样，企业的决策是确定目标库存水平，即临界值的大小。企业将系统设定的目标库存水平称为基准库存水平，该模型是基准库存模型（Base stock model）。

● 短视生产策略

若每期的缺货惩罚成本和库存持有成本相等，且企业每期所面临的需求是独立同分布的，那么，企业所面临的多期库存决策问题可转化为多个单期的库存决策问题，或是说，企业只需考虑如何最小化当期总成本，而不需要考虑当期决策对下期总成本的影响，这种策略被称为短视生产策略，也就是只看当前，不看长远。

"只看当前，不看长远"的短视策略为何可能是最优策略呢？决策者站在任意期初时间点，向过去看，过去决策对当期决策的唯一影响是企业现有库存水平；向未来看，当期期初的决策对未来期决策的唯一影响是紧接着下期期初的库存水平。因而，若决策者知道期初的库存水平，那么企业的生产量等于期末库存水平减去期初库存水平。

保证"过去决策对当期决策的唯一影响是企业现有库存水平"存在的前提是系统参数在各期是平稳的。每次决策者执行完短视策略后，无论什么随机成分进入系统，系统状态都会回到同样的子状态空间（Porteus，2002）。换句话说，在库存管理中，每期期初，决策者把库存水平提升到短视策略给出的基准值以后，无论当期需求是什么，期末的库存水平都会下降到基准值以下。而系统参数平稳的设定意味着每期的短视策略基准值一样，既然每一期短视策略行动都是当期最优的，而且此行动不会对后续过程的收益、成本、行动、随机成分造成影响，那么每期都执行短视策略，导致的就是全期最优策略。

此时，在每期初，企业的最优补货策略是确定一个库存水平临界值，若期初的库存水平小于该临界值，企业就生产，使库存水平达到该临界值；若期初的库存水平大于等于该临界值，企业就不生产。

为何这种策略是一种最优决策呢？决策者站在任意期初时间点，向过去看，过去决策对当期决策的唯一影响是企业现有库存水平；向未来看，当期期初的决策对未来期决策的唯一影响是紧接着下期期初的库存水平。因而,若决策者知道期初的库存水平,那么企业的生产量等于期末库存水平减去期初库存水平。

● 对偶平衡生产策略[1]

若库存水平临界值随着期数的增加不呈非减特性,企业的最优生产策略又是什么呢?

有一种近似最优的生产策略,企业将多期库存问题组合在一起,构成一个阶段性库存问题。在每一个阶段内,库存持有成本会随着期数累加,而缺货惩罚成本则在最后进行结算,这是因为欠缺的库存会在当期解决,而不会遗留到后期对未来造成影响,并且在每个阶段,令持有成本等于惩罚成本。这种策略被称为对偶平衡策略(Levi 等,2007)。

校读至此,张盛浩教授觉得,上述对偶平衡生产策略的表述过于晦涩难懂。笔者请辛林威教授给出一个关于对偶平衡策略的算例。想一探究竟的读者,可以阅读此处的脚注[2]。

采用对偶平衡策略的企业,得到的成本不会超过最优策略下成本的两倍。这个策略其实是将一个复杂的多期订购问题转化为阶段性的决策问题。

---

1 关于需求确定情境中企业生产决策鲁棒性的讨论见 "4.2 需求确定时的生产策略"。

2 辛林威教授关于对偶平衡策略的举例说明。目前,企业的库存水平 $x=5$,还有 2 期需求需要满足,分别记为 -2 期和 -1 期,单位需求缺货成本为 b,单位产品库存持有成本为 h。每期,企业面对的需求服从独立同分布,且为两点分布:需求为 $D=0$ 或 $D=10$ 的概率各为 50%。企业采取对偶平衡策略,确定生产量 q,使当期的缺货成本 $bE\left[D_{-2}-x-q\right]^{+}$,等于当期和下期因为这个生产量 q 而增加的库存持有成本 $hE\left[\left(q-\left(D_{-2}-x\right)^{+}\right)^{+}\right]+hE\left[\left(q-\left(D_{-2}+D_{-1}-x\right)^{+}\right)^{+}\right]$。当企业的两期需求服从独立同分布,且为两点分布时,上述等式等价为 $\frac{1}{2}b(5-q)=\frac{1}{2}h\left(q+\frac{q}{2}\right)$;特别地,当 $b=h$ 时,采取对偶平衡策略的企业的生产量为 $q=2$。

发生生产准备成本的生产策略：理论家视角

对于生产准备成本较高的企业而言，如汽车、电视等体积较大、较复杂的商品，一般情况下，企业并不会来一个订单就生产一次；因为若按单生产，会导致总成本较高。企业会综合考虑库存持有成本、生产准备成本等，在汇总一定的需求量后，再组织生产。

企业通过设定安全库存的方法来提醒生产，该策略被称为再生产点策略。企业做生产决策时，要考量什么呢？首先，不存在生产准备成本时，企业给定一个库存水平作为大临界值，若期初库存小于该大临界值，企业需要考虑是否生产，使库存水平升至该大临界值，此时需要权衡两部分成本：节约的可变成本和准备成本，若节约的可变成本比准备成本多，则生产；若节约的可变成本比准备成本少，则不生产。

这意味着节约的可变成本等于准备成本时的库存水平点，可构成一个小临界值。或是说，若企业的库存水平高于该小临界值，企业不需要生产；若企业的库存水平低于该小临界值，则企业需要生产，使库存水平达到该大临界值（Clark 和 Scarf，1960）。

基库存策略和最优经济生产策略都是（s，S）生产策略的特殊情况。

当不存在准备成本时，大临界值等于小临界值，此时，企业的再生产点策略退化为基库存策略。

当需求确定时，企业的再生产点策略退化为最优经济生产策略，企业要权衡的是生产准备成本和库存持有成本，因生产和需求的速率都是确定的，所以企业可以提前计划生产，不会出现缺货情况；特别地，如果没有生产准备成本，那企业每期只要生产当期需求即可，什么都不用权衡。

（s，S）生产策略，是在离散时间点监测库存水平的一种策略。

当企业可持续监测库存水平，并且需求随机发生时，若库存水平低于再订购点，企业就生产。用来描述此问题的模型被称为（r, Q）模型。

近似最优生产策略：实践家视角

实践中，企业经营是一个长期的过程，需求波动性很大，不会要求每次都实现成本的最小化。因此，决策者的最优生产量，是让目标成本与实际成本的差值尽量小，这个差值往往有一定可接受的范围。如果有很大概率差值不在这个范围内的话，决策者很可能丢掉工作，所以这时决策者的权衡不会追求最小化期望成本，而是稳妥起见，让成本落在可接受范围内就足够了。

特别地，在产品销售淡季，决策者非常关注库存剩余带来的成本，当确认存在库存剩余风险，并且较高的库存水平不会对销售有很好的支持时，决策者会毫不犹豫地加强库存控制，降低库存水平。

在多期生产决策情景中，当企业不发生生产准备成本时，可采取基准库存策略或对偶平衡策略确定每期生产量；反之，企业可以采取（s，S）或（r，Q）生产策略，确定每期生产量。但是，实践中，企业的生产经营是一个长期过程，多数时候，企业的生产决策让总成本落在一个可接受范围内就可以了。

4.4 生产管理：降低生产准备成本

赢豫："1999年，丰田汽车对外公布"丰田CCC21——21世纪成本竞争建设计划"，目标是所有新车型关键部件的成本都要降低30%。我困惑于，全世界那么多人去参观丰田，学习准时生产（Just in Time，JIT）的奥妙。丰田为何愿意让竞争对手参观？无惧被模仿和超越？"

宋京生教授："丰田的JIT理念，竞争对手即便知晓，也未必能够做到。"

赢豫："JIT理念意味着企业的生产批量较小。这令人思考企业是否应投资精益生产技术，降低生产准备成本，减少生产批量？这或许取决于企业所面临需求量的大小。"

产品需求与企业投资新技术的决策有何关系？

决策者总要忽视企业运营中的沉没成本吗？

3D 打印制造技术为何能令企业享受范围经济的优势？

以 JIT 技术为代表的柔性化生产理念源自日本的文化、地理和经济史。

长期以来，由于空间和物资的有限，日本人都倾向于节约。多数 JIT 思想源于丰田汽车公司经理大野耐一。他认为，能够与美国竞争的唯一办法就是减少两国之间巨大的成本差异，这只能通过消除浪费以降低成本来达到。与美国的汽车公司不同，丰田不能依靠大规模生产设施的规模经济来降低成本。日本汽车的市场实在是太小了，丰田的管理者们认定他们的制造策略必须是小规模多品种生产。并且，还需为消费者提供性价比较高的汽车。丰田车性价比较高，但是在很多人眼中性能没有美国车好；美国车虽然贵，但性能为很多消费者所青睐。这其实就是性能与价格之间的权衡，丰田更注重在达到一定性能要求的基础上，尽量降低成本，而美国车为提高性能，则较少考虑成本因素。

相比于生产专一产品的企业，以 JIT 技术为代表的柔性化生产企业会对生产系统进行更多投资。生产多样化产品的工厂不需要像专一化产品企业那样，提前很长一段时间设计和生产产品，并且不需要担心会因此推迟新产品的上市。因为，生产多样化产品的工厂在推出新产品时更加迅速，把发布新产品的时间提前，或是说，生产多样化产品的工厂能更快地响应需求不确定性的变化。

投资新生产技术，降低生产准备成本

● 需求量影响新生产技术的投资

当不考虑降低生产准备成本时，企业做最优经济生产决策，只需要权衡单位时间内的生产准备成本和库存持有成本；当考虑降低生产准备成本时，企业做最优经济生产决策，还需权衡为降低生产准备成本而进行的投资金额的多与少。

因此，企业面临的决策是，首先是否对降低生产准备成本进行投资，其次确定最优的经济生产批量。

企业是否为降低生产准备成本进行投资，一方面依赖企业当下的生产策略——满足所面临的需求量[1]，另一方面依赖企业的长期生产战略——用前沿的生产技术获取竞争力。在此，本书仅从当下生产策略的视角分析企业投资资金降低生产准备成本的行为。

生产专一产品的企业，切换生产产品的品类，生产准备成本较高。

生产专一产品的企业投资于新生产技术，可降低切换生产产品品类时的生产准备成本，那么企业投资后，最优生产准备成本可随着需求量的增加而减少[2]。或是说，当需求量增大到一定水平后，投资新生产技术的企业的最优生产准备成本，小于不投资新生产技术的企业的生产准备成本。此时，企业投资降低生产准备成本的行为，能令企业

---

1 $w(K^*) = \min\left(\sqrt{2mK_0(ic+h)},\ bi\left(2 + ln\left(\frac{K_0 m(ic+h)}{2b^2 i^2}\right)\right)\right)$，其中，$w(K^*)$ 是企业在权衡是否为降低生产准备成本进行投资后的最小总成本，$\sqrt{2mK_0(ic+h)}$ 是不考虑为降低生产准备成本进行投资时的企业的总成本，$bi\left(2 + ln\left(\frac{K_0 m(ic+h)}{2b^2 i^2}\right)\right)$ 是考虑为降低生产准备成本进行投资的企业的总成本（Porteus，1985）。

2 $K^* = \min\left(K_0, \frac{2b^2 i^2}{m(ic+h)}\right)$ 其中，K_0 是初始的生产准备成本，h 是单位产品的库存持有成本，i 是单位资金占用成本率，c 是单位采购成本，m 是需求量，降低准备成本 K 所需投资成本为 $\alpha_K(K) = \alpha - bln(K)$（Porteus，1985）。

享受到投资所带来的成本节约[1]。

给定投资决策后，企业确定最优的经济生产批量[2]。该最优经济生产批量具有什么特性呢？

当企业所面临的需求量较小时，企业不为降低生产准备成本进行投资，此时，企业的最优经济生产批量随着需求量的增加而增加。

当企业所面临的需求量较大时，企业为降低生产准备成本进行投资，此时，企业的最优经济生产批量与需求量的变动无关（Porteus，1985）。或是说，当需求量超过某一水平后，企业进行降低生产准备成本的投资，且最优经济生产批量比企业不投资时少，这满足JIT理念对于多品种少批量生产方式的要求。

实践中，是否投资于新生产技术是企业管理战略层面的决策，而生产批量的大小是企业管理战术层面上的决策。在战略层面上决策时，决策者会考虑到战术层面的决策问题；在战术层面上决策时，决策者虽然无法越权去做企业战略层面上的决策，却可给企业战略层面的决策者提供建议。

● 未必总要克服沉没成本谬误[3]

企业是否投资新生产技术，不仅取决于投资后生产准备成本的降幅，也取决于采用专一化设备的企业对沉没成本的认知。在决策过程中，企业可能会遭遇沉没成本谬误。

沉没成本谬误是指，决策者为了曾经的努力，即使看不到希望，

1　Porteus（1985）的结论是在给定某种投资成本的假设下得到的。若没有该投资成本的假设，此结论未必存在。

2　$Q^*(K^*) = min\left(\sqrt{\frac{2mK_0}{ic+h}}, \frac{2bi}{ic+h}\right)$（Porteus，1985）。

3　关于固定成本影响企业生产决策的更多讨论见"4.5JIT生产系统的支持手段"。

也要坚持，即倾注越多，放手越难。沉没成本谬论通常也被称为承诺的升级。

决策者为何要如此呢？企业严格按照传统方式做事——听取客户意见，研究市场趋势，依据消费者需求投入大量资金，改善既有技术。正是这种倾注越多，放手越难，把企业一步步引向深渊。

一些采用专一化设备的企业，无法接受以往投资已是沉没成本，而故步自封，"船大难掉头"，为证明自己的最初投资决策是正确的，会不断论证消费者需求与最初投资的吻合性，固守传统生产技术，而不愿意投资新的生产技术，令企业遭受巨大利益损失。

譬如，炼铁领域的碱性氧气吹炼法（Basic oxygen process）生产技术，约在 20 世纪 50 年代初期，发明于澳大利亚。Dofasso 公司在 1954 年就迅速采用了这种技术，而 Stelco 公司直到 1969 年才开始引入该技术。Stelco 早就观察到 Dofasso 的行动了，为何直到 15 年后才做出改变呢？Buzacott 发现，是否采用一项新技术，要看该技术是否适用于公司的具体情况[1]。碱性氧气吹炼法有其特定适用场景，要考虑到公司的成长速度和生产规模，Dofasso 的情况具有天时地利，就率先投入使用；而 Stelco 则因为规模庞大，不得不暂缓这项技术的使用，也不可避免地错失了采用该方法产生的投资收益。

如何防范沉没成本谬误呢？如果决策者能就某个决策进行预想式回顾——不是站在现在的立场去想未来，而是站在未来情境下看现在的决策所产生的影响，或许能防范沉没成本谬误。比如，Stelco 公司决定是否采用新技术时，或可自问：若不采用新技术，接下来

---

[1] 笔者于 2018 年 2 月在香港科技大学商学院访问，其间聆听了 Buzacott J. 的一场学术报告，报告中提及此案例。

的几年，市场竞争激烈，所拥有的市场份额大幅萎缩，是什么原因导致的？若采用新技术，是否能扭转市场萎缩态势？如果能，就可选择采用新技术；如果不能，可继续追问：几年后，有什么新的替代方案可采取吗？

防范沉没成本谬误总是一件正确的决策吗？唐欧教授以核电站的建设为例，给出不同的意见。一个核电站反应堆，一旦被建立起来，就发生了沉没成本，那么，新的发电技术出现后，运营一个核电站可能就没什么利润了，政府是否应该对其一关了之呢？如果是的话，造成的后果包括电网运营的安全隐患、大量的优秀工程师被解雇等，这该如何评估？若决策者总是以"经济利益"来评估沉没成本，往往是短视的。因此，"日新日异"的革新并不总是一件好事，有时，"传统"也能带来长远的效应，眼光真的要放远一些。

利用范围经济降低生产准备成本

范围经济是指，当企业生产两种产品的费用低于分别生产每种产品所需成本的总和时，所带来的经济。通过扩大经营范围，增加产品品类，生产两种或两种以上的产品品类，从而降低单产品品类的生产可变成本。与规模经济效应不同，它通常是企业从生产或提供某系列产品的单位成本中获得节省。

范围经济表现为产业共生。譬如，在传统的制糖工艺流程中，制糖企业首先向农民购进甘蔗，然后对其进行加工，加工过程会产生精糖液、甘蔗渣及废糖蜜，包括可溶性非糖和不能结晶的部分蔗糖。传统制糖企业，在获得精糖液后，则将其他副产品直接废弃掉。广西贵糖选择构建制糖共生产业的生态系统，主要产品为白砂糖，将甘蔗渣作为纸厂的原料进行造纸，废蜜糖用于制造酒精、回收碱、复合肥等产品，为此，广西贵糖建立了制糖厂、热电厂、文化用纸厂、生活用纸厂、制浆厂、轻机厂六大生产分厂。借助范围经济，广西贵糖降低了产品的生产可变成本。

新技术为企业的运营管理模式提供了新方法。企业可选择采用3D 打印制造技术，利用范围经济而非规模经济的优势，重新定义运营管理层面上的竞争法则。譬如，一家名为"通用金属"的集团，基于在金属 3D 打印领域的专长，可做到集三家"通用"——通用电气、通用汽车和通用动力之大成，因而在从医疗设备到汽车、飞机制造的泛行业领域，"通用金属"均具竞争力（D'Aveni，2017）。"通用金属"拥有那些传统的制造型企业无法企及的优势——降低生产过程中的可变成本[1]。

若生产专一产品的企业投资 3D 打印生产技术，几乎可以消除企业的生产准备成本，以较低的可变成本生产较多的产品品类，满足消费者的多样化需求。不过，3D 打印技术本身需要高昂的投资，企业是否投资，需要考虑市场需求的不确定性是否足够大，消费者的个性化消费意愿是否足够强。若企业决定投资，还需确定打印速度、产能大小等性能。

并非所有的企业都能利用产业共生所蕴含的优势。那些无法利用产业共生优势的企业不得不采取聚焦经营的运营策略：深耕制造学习曲线，取得规模经济效益；深入洞察消费者，专注于满足某几类消费需求。

---

1 关于 3D 打印制造技术影响制造型企业运作策略的更多讨论，可参阅 D'Aveni（2018）。

　　总而言之，企业降低生产准备成本的策略包括投资新生产技术，以及借助 3D 制造技术发挥范围经济优势。其中，对于企业是否投资新生产技术这一问题，若总是以"经济利益"来评估以往的沉没成本，做出的决策往往是短视的。

　　是否存在其他的降本增效的策略呢？必然有，只是笔者不知。

4.5 JIT 生产系统的支持手段

在 2016 年前后，赢豫曾两次访问一家汽车制造企业。

在第一次访问时，赢豫观察到，对于一些装配过程中出现问题的车辆，员工并未立刻停下工作，而是在车身上挂上一个黄色的指示牌，待车从装配线上下线之后，再确认其中的问题。当时曾询问负责人这样处理的原因，他答道："装配车间每日装配出的车辆数量是一个考核指标，若发现一个问题就让生产线停工，会影响到该指标。"

在第二次访问时，赢豫看到各处的安顿系统，便询问负责人该系统运营的情况。负责人当场拉动了一个就近的安顿系统，随后，系统播放出一段提醒音乐，30 秒内，有一位线长走过来，查看可能存在的问题。

何为安顿系统（Andon System）？该系统亦称质量警报系统，是精益生产制造管理的一个工具。在制造过程中发现了生产缺陷、异常等信息时，该系统能在最短时间内传递信息，快速解决问题，平稳生产节奏，提高生产效率。

赢豫两次参观体验不同，主要是由于企业的产品质量管理理念发生了改变。

安顿系统的价值何在？

企业如何获得模块化产品？

企业如何利用数据和泛工业技术组织生产活动？

以 JIT 生产理念为代表的柔性化生产系统，以消费者需求为生产起点，追求零库存，要求企业加工完成上一道工序后，立即进入下一道工序。那么，采用柔性化生产系统的企业需要具备何种生产管理技术？

人为干扰因素少

识别企业的真正瓶颈是系统生产的关键，而事实上，即便是最自主的运营设置，也受人的行为影响。人对运营管理的影响从管理层渗透至操作层，由于涉及范围太广，人们会不自觉地放大人类行为的影响，也容易将成败错误地归因于人类的行为。

这是为何呢？人们更容易相信有缺陷的因果关系：宁可信其有，不可信其无。从进化论角度看，人们受益于错误的积极——虽然没有但认为有，而不是错误的消极——虽然有但认为没有。错误的积极使人们能遵循思路，即使最终验证了人们的观点是错误的，但总比相信不存在值得测试的关系更好。

因此，区别什么是真的受制于人的影响、什么不是，以及发现谁能够产生这种影响，是问题的根源。

允许安顿系统的正常工作，意味着企业的管理层与工人们将错误视为学习的机会，不但不将错误归咎于个人，企业还采取纠正措施，并推广从每次错误经历中获得的经验 [1]。然而，企业未必总有能力全面实施 JIT 生产理念。

模块化产品

模块化产品是指产品由一些模块组装而成，并且每个模块有多种选择。与之对应的则是整体化产品，其由功能紧密关联并且设计完整的部件组成。

如何获得模块化产品？模块化产品的生产需要考虑部件标准化和过程标准化。

● 部件标准化

部件标准化，顾名思义，是将每一个零件进行标准化设计。这样做的目的是让同一个部件可被用在不同产品上，甚至在产品更新换代的过程中也可保留没有设计变更的部件；此外，也可通过规模生产来降低成本，也可减少因为特殊部件缺货带来的风险。

部件标准化的理念不仅能体现在产品设计中，还能体现在服务设计中。宋京生教授提及，博物馆提供的无线讲解服务就运用了模块化设计理念，访客可根据自己的需求，有选择地听阅博物馆的展品信息。

● 过程标准化

过程标准化则是说对于不同产品尽可能地统一共有的生产过程，减少产品生产的差异化，降低需求预测误差。在实际运用过程标准化

---

[1] 关于人类如何更理性地犯错，并从中获取经验的讨论，可参阅马修·萨伊德（2017）。

时，通常会修改产品的制造步骤，对生产过程进行再排序，尽可能降低产品生产差异化。

不过，当模块化设计占据统治地位时，产品性能不再由组装商决定，而是由模块化供应商说了算，组装商可能很难再大把赚钱，而是利润被压榨到仅能维持企业经营而已。模块化产品的组装商只有在和高成本对手竞争时，才能依赖低成本策略获得成功。这意味着，一旦组装商被低成本的竞争对手逐出市场，他就必须向高端市场转移，方能持续赢得丰厚利润。

数据驱动

数字制造的出现和发展，使得范围经济出现，公司规模和范围所形成的限制正在消失。未来，以云终端更高级管理分析平台为基础的泛工业化，是制造业发展的方向。

将"定制"理念引入家居行业的尚品宅配，采用数字化生产线，在满足消费者个性化定制的同时，实现大规模柔性化生产。消费者通过尚品宅配的网上商城——新居网，线上预约设计师上门量尺。设计师设计家具方案时考虑消费者个性化要求，消费者到门店查看设计效果图，并确定最终方案，签订合同；根据最终合同，门店将设计图纸及订单通过网络传输到订单管理中心，组织生产。

尚品宅配的运营模式特征如下：在客户端，尚品宅配采集数千个楼盘的数万种房型，建立"房型库"及"产品库"；采用数据驱动运营，搜集设计师的设计数据、工厂的生产数据、消费者的行为数据，依据消费者需求定制产品和价格，以解决方案和用户体验竞争代替了单纯的产品竞争，竞争的焦点不再集中于价格层面，而在于给每个客户提供独特的解决方案。

在生产端，尚品宅配借助柔性化生产制造技术，及强有力的软硬件支撑，在设计师完成设计方案时，系统同步生成生产图纸和元件图纸、每个元件部件在各个车间的生产作业指令。其中，每个部件都有相应的条形码，系统通过存储在条形码上的部件信息来识别部件并降低出错率，在满足前端个性化需求的同时，为实现大规模生产、降低生产成本、提高生产效率提供了可能。

校读至此，唐讴教授追问，何为数据驱动？这是人人都在讨论，却都不了解具体定义的一个大的概念吗？何为数据驱动的模型？与基于假设的模型有什么区别？笔者虽然读了不少数据驱动的图书和论文，却也不敢宣称自己能够回答这些问题。

支持泛工业生产技术的平台

曾经，跨行业多元化发展对企业而言是危险的。然而，大数据分析、3D打印技术、机器学习技术等泛工业技术，帮助企业跟踪材料和产品的流动，促进和优化从产品生产到客户交付的不同生产线的运营，有助于企业利用范围经济优势，获得进入多个不同行业的竞争优势。

泛工业技术整合各个行业的供应链，实现跨行业的生产协同效应。3D打印是实现泛工业化的关键技术，用3D打印代替不灵活的传统生产技术，基于大数据更好地实时更新市场需求，能与平台完美地结合，提高制造业效率。

企业利用3D打印技术可实现模块化。该模式适用于汽车、战斗机和无人机中的电子设备。除此之外，3D打印技术还有两个优点。首先，增材制造允许定制基本单位；其次，企业可采用全新的方式制造——天线、电线和电路可直接打印在物体上或物体内，这减少了组装成本，增加了微型化机会，并为其他电子元件集成到产品中创造了空间，这是传统模块化生产方法无法做到的[1]。

企业一旦采用泛工业技术，能开发出功能丰富的平台来处理自己的运营活动；与此同时，泛工业公司逐渐将外部供应商、分销商和客户直接带到其平台上。为更好地获得泛工业公司的产品和技术、与泛工业公司合作，供应商也将有动力加入并了解该平台如何帮助改善其自身的生产运营活动。

校读至此，唐讴教授再次追问，以 3D 技术为代表的泛工业生产技术如何影响传统的产品库存、生产模型决策？会给运营管理领域带来变革性的管理理念吗？笔者虽然不能回答，却也十分好奇。

总体而言，相对于采用专一化生产线的企业，实施柔性化生产技术的制造型企业可借助的管理技能包括安顿系统、模块化产品、数据驱动的决策，以及泛工业生产技术的平台。当企业选择柔性化制造技术时，如何权衡产品品类量的增加所带来的收益，与投资柔性生产技术而增加的成本呢？有待讨论。

1　关于 3D 生产技术影响企业生产决策的更多讨论见"4.4 生产管理：降低生产准备成本"。

第 （五） 章

供应链管理

—— 协调与冲突

CHAPTER
5

Supply Chain Management:
Conflicts and Coordination

5.1 不确定性引发冲突

赢豫："在北美市场中销售的中国制造的产品，常被诟病产品质量水平低。部分原因是，中国制造的产品经过远洋跋涉，方抵达销售地，北美零售商需要提前很长时间下单，因此面临着较大的因需求不确定性带来的风险。这种背景下，北美零售商会把产品的批发价格压得很低。为把无利可图的合同变为有利可图，中国制造商在生产出符合标准的产品的基本要求下，会尽可能地削减成本；在削减成本过程中，中国制造商可能会降低原材料档次、修改化学配方等，导致个别产品质量较低。"

李皓语："北美零售商（下游）希望降低需求不确定性的风险，通过压低价格间接将风险转移给中国制造商（上游）。若北美零售商能够承担或降低需求不确定性的风险，而不需要中国制造商共同承担时，中国制造商则不再需要为了保证低价的收益而降低质量，而是提高质量来保持竞争力。"

赢豫："不过，产品定位的高端与低端，与生产地和消费地的物理距离应无关。譬如，苹果手机的生产地多在中国，而部分消费者在美国。"

为何盒马鲜生能够为消费者提供物美价廉的海鲜？

需求的不确定性程度适当地大，反而利于企业增加收益？

宝洁公司与沃尔玛如何实现双赢？

制造品销售领域，在北美零售商与中国制造商的博弈关系中，北美零售商占据主导地位。北美零售商通过压低产品批发价格方式，减缓了需求不确定性引发的运营风险。

供应链系统中，成员通过博弈减缓风险的方式并不少见。

曾经，对零售商而言，当不确定性需求波动大时，若产品的质量定位高，产品进价贵，供需不匹配的成本高，进而，零售商不愿意选择售卖高质量产品。现在，零售商利用大数据能对需求做出准确预测，无须通过压低供应商所提供产品批发价格的形式，转移风险，从而激励供应商提供高品质的生鲜产品。这解释了为何近年来，阿里巴巴的盒马鲜生、永辉的超级物种、宜品生鲜能提供物美价廉的产品。

过去，食客想要品尝海鲜，需要去海鲜酒店，这些酒店的海鲜往往是从沿海地区空运而来，品种丰富，但每个品种数量较少，比较稀缺，因此，食客需要付出很高的成本，才能享用一顿美味海鲜。而以盒马鲜生为代表的零售商提供比较少的海鲜种类，但每种海鲜的数量很多，而且物美价廉，性价比高。与海鲜酒店的原材料通过"空运"供应相比，盒马鲜生通过大数据分析的方式，精准预测顾客需求，可及早采购，获得较长的采购提前期，从而可以选择从海鲜生产基地进货，降低海鲜采购成本。

供应链生态系统[1]

在一个零售商和一个供应商组成的供应链系统中，市场需求存在不确定性。供应商与零售商的谈判过程通常是一个忽略细节的最后通牒博弈。何为细节？细节是指供应商或零售商对供应链系统中交易合同的思考过程。

何为最后通牒博弈？打个比方，最后通牒博弈是提议者与响应者分配 10 美元。提议者在 10 美元中选择一定金额付给响应者，响应者可以接受或拒绝。如果接受，按提议者给出的方案进行分配；如果拒绝，双方的回报为零（Forsythe 等，1994）。

若供应商是博弈的领导者，其先行动，即作为斯塔克尔伯格模型中的领导者，以契约向零售商提出"要么接受，要么放弃"合同。零售商要么接受契约，要么拒绝契约，拒绝契约使得双方都一无所获。若零售商为领导者，则由零售商提出分配契约，供应商决定是否接受契约。

在不确定性需求状态实现之前，零售商从供应商那里以批发价格订购产品，供应商提供产品；在不确定性需求状态实现之后，零售商将产品卖给消费者。

对零售商而言，零售价格减去批发价格，为零售商售卖一件产品的边际收益。若供过于求，则损失剩余产品的订购成本；若供不应求，则损失可能卖出产品的机会成本，即边际收益。零售商制定最优订购量时，需要在少订一单位产品的机会成本与多订一单位产品损失的订购成本之间权衡。

零售商备多少产品库存、供应商确定多高的批发价格，不仅取决于所处环境中的需求不确定性程度，还取决于零售商和供应商在供应

---

[1] 在单企业的运营系统中，不确定需求影响企业运营决策讨论见 "3.1 报童备货：最优决策"和"4.3 需求不确定时的生产策略"。

链系统中的相对地位。

零售商的期望收益是期望销售的产品数量与产品销售价格的乘积，和订购的产品数量与产品订购价格乘积的差值。不失一般性，假设销售剩余产品的残值为零。当产品销售给消费者的价格固定时，该函数是关于产品订购量的凹函数，或者说，给定供应商产品的批发价格，零售商都有一个最优的产品订购量与之对应。

供应商的期望收益是产品销售给零售商的价格与产品生产成本的差值，和产品订购量的乘积。供应商知道零售商对于产品的每个可能零售价格的对应订购量。

供应商主导供应链系统

在不确定性需求实现之前，首先，供应商向零售商提供比成本价高的一个批发价格；其次，零售商确定最优订购量；最后，不确定性需求实现，供应商和零售商实现各自收益。

零售商的订购量是关于批发价格的函数，反之，批发价格是关于订购量的函数。或者说，供应商确定批发价格后，知道零售商会确定的订购量，这样，供应商的利润函数就转变成关于订购量的函数。供应商的期望收益函数若为单峰、凹函数[1]，则其最优的批发价格仅有一

---

1 供应商的期望收益函数为单峰、凹函数的条件是，不确定性需求的广义失效率函数。不确定性需求的概率密度函数为 $f(x)$，概率分布函数为 $F(x)$，广义失效率函数为 $G(x) = \dfrac{xf(x)}{\overline{F}(x)}$；其中，$f(x) = -\lim\limits_{\Delta x \to 0} \dfrac{\overline{F}(x+\Delta x) - \overline{F}(x)}{\Delta x}$，所以，$G(x) = \dfrac{xf(x)}{\overline{F}(x)} = -\dfrac{\frac{\overline{F}(x+\Delta x) - \overline{F}(x)}{\overline{F}(x)}}{\frac{\Delta x}{x}}$，

广义失效率函数可被解释为，零售商的备货量每增加一个百分比引起缺货概率下降的百分比；广义失效率递增是指，广义失效率函数 $G(x)$ 随着 x 单调递增，即零售商的备货量越多，每增加一个百分比的备货量引起缺货概率下降的百分比越大。

从零售商角度，零售商少订一单位产品的机会成本为销售价格减去批发价格，而零售商多订一单位产品的损失为，购买一单位产品的批发价格。若批发价格较高，零售商选择减少订购量，因为零售商不愿为了让供应商获得收益，独自承担产品卖不出去的风险。零售商不愿让供应商独享利益，好像是零售商在表达自己的公平感，实际上，这是理性零售商的最优决策。

从供应商角度，希望零售商多订购一些产品，从而可获得更多收益。但是零售商多订购意味着，有较大可能性供过于求，若此风险全部由零售商承担，零售商没有动机多订购。

为分析需求不确定性如何影响供应商与零售商之间的收益分配，首先，需要回答如何刻画需求的不确定性。可用不确定性需求的变异系数[2]刻画需求不确定性程度，其为不确定性需求的标准差与均值之比。

不确定性需求的变异系数越小，供应商确定的产品的批发价格越高[3]。若需求确定，那么供应商的最优批发价格为，产品销售给消费者的价格，零售商的最优订购量等于市场中产品的需求量，零售商的

1　市场中存在一个供应商和一个零售商，市场需求是一个随机变量，其概率密度函数为 $f(x)$，累计概率函数为 $F(x)$。产品的单位生产成本为 c，供应商确定产品销售给零售商的批发价格 w，零售商确定从供应商处订购的产品数量 z，并以固定价格 p 销售给消费者。零售商收益为 $\pi_r = p \min(z, x) - wz$，供应商收益为 $\pi_m = wz - cz$。产品批发价格和产品订购量的关系为 $w = p(1 - F(z))$，如果 $g(Z) = \dfrac{zf(z)}{\bar{F}(z)}$ 是单调递增函数，那么，零售商的最优订购量 z^* 满足 $p(1 - F(Z^*))\left(1 - \dfrac{z^* f(z^*)}{\bar{F}(z^*)}\right) - c = 0$。

2　不确定性需求均值为 μ，标准差为 σ，那么不确定性需求变异系数 cv 为标准差与均值之比，即 $cv = \dfrac{\sigma}{\mu}$。

3　证明过程见 Lariviere 和 Porteus（2001）。

利润为零。

若需求存在不确定性，零售商承担不确定性需求风险，供应商需降低产品的批发价格激励零售商多订购，从而增加其收益[1]。

行笔至此，笔者可以稍微不严谨地宣称，对供应链系统中的零售商而言，高风险高收益——承担一些风险，反而有利于提升自身的收益。这与报童模型情景下，需求不确定性越大，企业的收益越低的结论相反，原因是，供应链系统中的零售商可以凭借其承担的不确定性，施压供应商降低批发价格，从而获得收益。

然而，对供应商而言，若需求存在不确定性，不确定性需求的变异系数越小，供应商的利润占整个供应链系统总利润的比例越高。特别的，若需求确定，供应商的利润占比为100%，因此供应商愿意降低需求的不确定性，零售商不愿意降低需求的不确定性。

对供应链系统而言，不确定性需求的变异系数越小，供应商与零售商的总收益越大。因此，降低需求不确定性，有利于系统的最优运行。

有何措施能缓解供应商与零售商间的冲突呢？供应商需要采取一些措施鼓励零售商与其合作，譬如，供应商降低产品销售给零售商的价格，转移部分利润给零售商，让其投资于预测不确定性需求的活动中。

零售商主导供应链系统

当零售商处于主导地位时，零售商往往要求其利润达到某个数值，

1　关于供应链系统中批发价格影响运营决策的更多讨论见"5.5 双重加价引发冲突"。

才会接受供应商提出的批发价格，订购产品。

零售商的主导地位越明显，该数值越大，供应商需降低产品批发价格吸引零售商增加订购量；供应商的降价幅度越大，零售商的订购量就越大，从而降低缺货水平，提高供应链系统的服务水平。

若该数值过大，意味着零售商不愿意承担供应链系统中供需不匹配所带来的成本，会倒逼供应商降低产品的批发价格，这可能引发产品质量低下的状况。

零售商采用协同计划、预测与补货策略，主动与供应商共享需求信息，可缓解供应商承担的风险。这是因为，供应商不依靠零售商的订购数据来预测产品在市场上的需求，而是直接以销售数据来预测消费者的需求，以此作为市场需求预测和库存补货的解决方法。

譬如，1995 年，宝洁公司与沃尔玛合作启动了协同计划、预测与补货流程，沃尔玛和宝洁的销售额与利润均得到了提升；2015 年，京东和美的的协同计划、预测与补货系统上线，这让京东的采购人员不仅关注产品的采购环节，也能关注到美的产品生产环节的信息。

总而言之，在供应链系统中，供应商的目标是以尽可能高的批发价格获得最大可能的销量，零售商的目标是以尽可能低的批发价格获得产品。

在需求不确定性面前，一方面，零售商和供应商愿意拧成"一股绳"，降低成本，提高收益。零售商与供应商合作的原因之一是，需求存在不确定性，这种不确定性使"蛋糕"有做大的空间。双方只有尽可能降低需求的不确定性，才能降低销售过程的库存成本、机会成本等。另一方面，谁处于主导地位，谁就更有动机去合作降低需求的不确定性。当供应商占主导地位时，其希望降低不确定性，提高销量和收益；而处于非主导地位的零售商则不希望降低不确定性。当零售商占主导地位时，其希望降低不确定性，提高产品的质量；而处于非主导地位的供应商则不希望降低不确定性。

5.2 风险共担、收入共享

李皓语："供应链成员间秉承打桥牌而不是麻将的理念，方可共担风险、同享收益。打桥牌，第一步是叫牌，双方通过竞叫方式达成定约；第二步是出牌，双方交流信息，做到相互理解而非相互拆台。因此，桥牌需要搭档之间交流和沟通，合力战胜对手。"

赢豫："打桥牌的叫牌阶段，达成的定约是基于双方持牌的一个平衡点，任何一方没有能力达成约定就要遭受惩罚，因此桥牌文化中蕴含的是契约精神；打桥牌的打牌阶段，需要双方沟通和交流，使对方能够成功意会到自己需要的牌型，通过合作共赢方式，迅速做出决策。"

李皓语："与打桥牌不同，打麻将，第一步是抓牌，由于和牌的形式多样，各自通过手中的持牌初步确定和牌目标；第二步是取牌与打牌，通过上方的弃牌，估计其和牌的目标，在达成自己和牌目标的同时，防止对方和牌。"

赢豫："打麻将需要的技巧是伪装，迷惑上方，使其误判而打出自己真实想要的牌型。打桥牌需要的是信息沟通，使对方能够成功意会到自己需要的牌型。因此，麻将的主题是四方之间的博弈，桥牌的主题是两方之间的合作。供应链成员间可借助协调合同，打'桥牌'，而非打'麻将'。"

供应链各成员如何共担风险？

技术革新情景下，企业如何创新收入共享合同机制？

企业如何保障收入共享合同的执行？

关于供应链成员间合同类型的综合讨论可参阅 Cachon（2003）。在这儿，笔者要讨论的合同类型，是收入共享合同。

供应链系统的成员打"桥牌"，意味着让成员承担与收益相匹配的风险。譬如，当供应商和零售商采用收入共享合同时，供应商给零售商提供一个低于成本价格的批发价格，同时，零售商每售卖出一单位产品，需将收入中的一部分分享给供应商。

收入共享合同将零售商承担的需求风险部分转移到供应商身上，平衡零售商的风险与收益，让零售商愿意多订购产品，供应商多售卖产品，使双方受益。

碟片租赁公司与影视公司

收入共享合同最早在碟片租赁行业得到应用。20 世纪 90 年代，影碟的生产成本较低，但售价较高，而租赁公司因影碟售价较高，备货有限，一旦某影片流行，极有可能出现断货情况。比如，租赁公司买一张碟片用于出租要几十元，顾客租一张碟片，需要支付几元。热门影片的需求量高，但顾客要等待很久方能租到；冷门影片的需求量低，造成碟片库存积压。

为缓解这个冲突，租赁公司与影视公司拟定协议，由只考虑原本的影碟销售收入转为采用收入共享合同，即影视公司降低影碟售价，并分享租赁公司的部分租金收入，而这一部分租金收入与市场需求挂钩，这意味着影视公司与租赁公司共担风险。

租赁公司与影视公司采用收入共享合同，可降低租赁公司的采购成本，激励租赁公司多订购碟片，避免碟片断货，提高租赁公司的客户服务水平，也增加影视公司的收入。

不过，若使收入共享合同能有效地激励供应链成员，关键的举措是设置合适的收益分配比例。其中一种方法是使用纳什讨价还价框架，收益分配比例取决于各方的相对议价能力。

产品零售商与共享汽车司机

随着流媒体技术的兴起，碟片租赁行业逐渐消失。但是收入共享合同中的收益共享、风险共担的理念依然行之有效。

肖文强教授提及车载便利店运营商 Cargo 的商业模式。车载便利店运营商 Cargo 在共享汽车里放一个透明箱子，箱子里包含免费商品与收费商品，乘客可一眼看到商品品类，在乘车之时通过 APP 购买。Cargo 提供免费商品，是为获取市场研究数据，据此，帮助商品品牌商获得匿名化销售数据，了解不同时段商品的销售情况。

Cargo 提供收费商品的目的是盈利。在售卖收费商品时，Cargo 需要与司机、产品供应商进行交易。若采用传统思维，Cargo 把司机作为供应链的一层，让司机制定备货决策，并承担相应风险。但司机的专长是开车，这种做法不符合司机的情况，运营效率不佳。因此，Cargo 与司机之间采用收入共享合同，无须司机采购收费商品，Cargo 将收费商品直接运送到司机家门口；当乘客下单后，Cargo 付给司机相应的佣金，及销售提成。

在 Cargo 供应链系统中，司机采用收入共享合同，是因为司机的主要收入来源于驾驶出租车，他们希望能够不费力地获得一些额外的收入，但又不愿意花费精力研究顾客的购买意愿，也不愿意承担在出租车搭载行情不景气的情况下商品滞销的风险。采用收入共享合同，可将商品滞销的风险转移给商品供应商。

歌手与唱片公司

收入共享合同成功实施的关键之一是，在不确定性需求实现之后，供应商能获得零售商的真实销售收入，使零售商按照合同约定，与供应商共享收入。

数字化技术保障了收入共享合同的成功实施。新的数字化技术代表之一为区块链技术，区块链的核心是分布式记账。分布式记账可实现去中心化，不需要通过第三方，而实现直接交易，并且交易的过程会按照时间顺序传递到区块链中，整个区块链的成员都可看到这条信息。

譬如，歌手在 Spotify 上发布歌曲，能获得更多被发现和收听的机会。一首歌每被收听一次，Spotify 会向歌曲的版权所有者支付相应的收入。然而，这项收入并不完全归歌手本人所有，因为一首歌的版权通常为好几家唱片公司和歌手所有，导致歌手的分成比例较低。

Resonate 尝试将歌曲收入掌控权返还给歌手本人。Resonate 从歌曲总收入中抽取 30%，剩余的 70% 收入由歌手决定——歌手可完全获得这 70% 收入，或与唱片公司等相关利益者共享。这些分配细节均在区块链中注明，不会引发未来的收入纠纷。同时，区块链技术还能区块链技术给供应链成员带来的好处有以下几个方面。

一是，供应链成员可观测到供应链上的更多信息，提高供应链运行的效率。供应链成员不再需要通过各种平台来共享信息，而是借助于区块链技术，互相监督，像牛鞭效应的问题就不容易出现了。

不过，为观察到供应链上的更多信息，企业可能无须借助区块链技术，譬如，一些企业通过微信支付，只有相关利益者知晓资金的流动。

相对于"雾里看花"的区块链技术，微信扫描技术虽然无法提供信息共享，却可以令供应链成员到消费者，都可以用微信二维码收集信息，收集到的信息越多，就越能缓解供应链上的牛鞭效应。

相对于传统的 RFID 技术需另外购置标签、扫描仪等，微信扫描技术需要硬件少，打印二维码成本比打印 RFID 标签便宜；不足之处在于，微信二维码的自动化程度低，RFID 可以实现全自动扫描物品。

二是，区块链上可自动执行的智能合约，使交易与支付同步进行，这种保护机制令供应链成员免于遭受违约风险。其实，支付宝已经部分地实现了这方面的功能，当买方和卖方交易时，货款暂时交付到第三方——支付宝保管，当买卖双方确认交易流程结束后，第三方再将货款转至卖方的账户。

三是，区块链为监管机构提供了增强版执法工具和无缝自动合规解决方案，降低了合规风险。这方面的应用可用于连续审计、企业税务申报和特定的行业报告[1]。

---

1 关于区块链技术影响企业运营管理的更多讨论见"1.4 消费的放心"。

上述三个故事中，供应链上的成员采取了不同形式的交易策略，不过，其共同之处在于，利用收入共享合同实现风险共担、收入共享。随着技术的不断发展，收入共享合同会呈现新的表现形式，其执行也会有新的技术保障。

5.3 协调冲突：信任与公平视角

　　赢豫："具有信任或者公平感的供应链成员，往往可以缓解冲突，实现多赢。"

　　栾胜华教授："人类关系中，合作占主导地位。具有公平感的决策者意味着他在乎其他成员的感受。"

　　赢豫："刻画这类感受的模型有多种，每种模型都是从一个角度刻画决策者的公平感受。"

　　栾胜华教授："决策者在感受信任与公平时，认知过程是什么？不是从一个角度就能刻画清楚的，依决策情景而定。"

"大小多少，报怨以德"的信任者的心态是什么？

如何缓解决策者间的信任危机？

分配公平感和程序公平感的区别是什么？

在漫漫历史长河中，信任是社会经济体系运转的基石。《论语·颜渊》中子贡问孔子如何治理国家，孔子答"民无信不立"，于是有了商鞅的"徙木立信"。

对个体决策者而言，信任是打交道的前提，在打交道过程中，逐渐形成一种公平感。

信任与公平感无论是在企业经营过程中，还是在人际交往过程中均存在。譬如，一个女人爱上一个男人，首先，她信任他可以成为一生的灵魂伴侣；其次，她在和他的交往过程中，逐渐了解到他和她自身的决策效用函数边界，构造起双方均能够接受的公平感体系。

看不见、摸不着的信任与公平感究竟是什么？

自我与他人间的信任

● 何为信任

对多数中国人而言，人们反省自身的决策目标、方案和结果，由此产生对仁义礼智信的追求。中国人追求的，可能与其他文化背景下的人们追求的不同。不过，无论是何种文化下，处在长期交往关系中的人们，都是具有社会属性的动物，这决定了人与人之间需要建立必要的信任和公平感。

信任者信任被信任者意味着三个方面。

第一，信任者主动扮演弱者，对被信任者抱着积极期待，认为被信任者不会伤害自己。

第二，信任者会因被信任者的不确定性行为，而面临不好的后果。

第三，信任者在接受不好的后果时，有着对积极结果的美好期待。何为对积极结果的美好期待？采用博弈论思想，可将其表述为，信任者认为被信任者会采取友好策略，在第一轮博弈中，若被信任者伤害了信任者，信任者会宽恕被信任者，并继续信任他，相信他在接下来的博弈中，能够改善其决策行为。采用儒家思想，可将其表述为，在较小的空间里，信任者对积极结果的美好期待类似于"以直报怨"而非"以德报怨"；若以德报怨，何以报德？在这里，"直"意味着公正，而"德"意味着"友善"。在广阔的空间里，信任者审视被信任者给予的"怨"，信任者可"大小多少，报怨以德"[1]，或是说，小怨不足以报，大怨则天下之所欲共诛，顺天下之所同即可。在这里，信任既有"直"又有"德"的意味。

● 信任"润滑"企业间的交易关系

在商业交易中，若只依赖可签署的合同来约束企业决策者的行为，或不总是可行，或所需要的代价较高。信任有助于提高企业间的交易有效性、降低运营成本。

以高度信任培育出来的山西票号体系，"前世不修，生在徽州，十三四岁，往外一丢"[2]的票号从业人员信守承诺，为不让对方失望，从而约束自己的行为，维系与对方的关系。

宝洁和沃尔玛合力启动协同规划、预测与补货流程，采用供应商管理库存策略——宝洁终端历史需求信息，决定和管理产品备货量；

1　老子《道德经》第 36 章。
2　出自《前世不修》歌谣，明清时期流行于徽州地区，是指徽州男子到了十三四岁就要外出当学徒做事情。

沃尔玛每卖出一单位产品，按照一定比例分收入给宝洁。沃尔玛和宝洁基于信息共享的前瞻性建立信任机制，使双方实现双赢，但是许多企业却很难模仿，何故？可能原因之一，供应链成员间的信任感较难建立并持续贯彻实施；可能原因之二，不同于简单的信任范畴，中国式"关系"是企业决策者需要领会的第一个词，与"关系"相关的书籍也成为商业畅销书。

- ● **恰当承诺缓解不信任带来的冲突**

供应链成员间的相互不信任，会造成消耗，引发运营冲突。2004年，成都国美电器未经格力电器允许，擅自将格力电器的两款空调降价销售。格力电器得知后，要求国美"立即终止低价销售行为，并向格力电器道歉"。交涉未果后，国美电器威胁格力电器，将其产品库存清理一空；随之，格力电器威胁国美电器，将把国美电器从其产品的销售渠道中清除[1]。

国美电器和格力电器所遇到的冲突困境，或可以用恰当承诺来缓解。

承诺意味着承诺一方愿意牺牲短期利益来维持双方长期的合作关系。一方面，承诺使合作双方愿意在合作中投入财力、物力及关系资本，建立合作关系；这种投入可使企业获得一种相对稳定的合作环境，降低控制成本，减少合作双方的机会主义行为。另一方面，承诺为维持合作关系提供了持续性保障（霍宝锋，2013）。

若国美电器能承诺其供应商——格力电器，以合理价格销售产品，保护产品的品牌形象；格力电器能承诺其零售商——国美电器，按照市场需求变动，灵活调整供货量，并投入研发、设计面向消费者需求

1　《国美 vs 格力　一场早有预谋的渠道背叛》，http://money.163.com/economy2003/editor_2003/040519/040519_203643.html[2019-03-28]。

的产品；那么，或许双方能够建立起信任，形成良好的合作关系[1]。

自我与他人间的公平感受

当决策者建立起合作关系后，依据每次决策的结果，决策者在自我与他人之间形成公平感，周而复始，公平感又影响决策者的随后决策行为。

具有公平感的决策者可能关注分配公平和程序公平。

● 分配公平感

分配公平感是关于决策者所做的贡献，与他的相对报酬之间的平衡。或是说，决策者在知觉一个结果是否公平时，首先会计算自己的贡献或投入与产出之间的比率，然后把这个比率同他人的比率进行比较，从而得出分配是否公平的结论（Adams，1963）。

刻画分配公平感产生的效用多采用如下几种形式。

一是，决策者会因对方分配到的金额超过自己的，或是自己分配到的金额超过对方的，而产生公平感厌恶，导致自身效用的降低[2]。

二是，决策者的效用包括自己的绝对收益与社会福利，提高社会福利的分配方案，可提升决策者的效用[3]。

1　关于供应商与零售商之间冲突的更多讨论见"5.4 采购策略中的冲突"。

2　Fehr 和 Schmidt（1999）将具有公平感的个体效用函数刻画为 $U_i(v_i, v_j) - c\sigma_i - \alpha_i max [c\sigma_j - c\sigma_i, 0] - \beta_i max [c\sigma_i - c\sigma_j, 0]$；其中，$c$ 是博弈初始的货币总额度，σ_i 和 σ_j 是参与者 i 和 j 从总额度中所分配的比例；α_i 是决策者分配给对方金额超过自己的公平感参数，β_i 是决策者分配给自己金额超过对方的公平感参数。

3　Charness 和 Rabin（2002）将具有公平感的个体效用函数刻画为 $U_i(\pi_1, \pi_2, \cdots, \pi_N) = (1-\lambda) u_i + \lambda [\delta min (\pi_1, \pi_2, \cdots, \pi_N) + (1-\delta)(\pi_1 + \pi_2 + \cdots + \pi_N)]$，其中，第一项是决策者的收益；第二项是通过对互惠性和社会总福利大小的权衡来刻画的社会福利，δ 反映了决策者衡量去帮助最困难的人与最大化社会福利的关系程度。

三是，决策者表现为以自我为中心，在意自己是否被公平地对待 [1]；若决策方案偏离决策者认为的公平点，则导致决策者的效用下降。

因此，决策者的效用函数由两部分构成：经济效用以及公平感带来的交易效用。采用这类方法刻画决策的公平感，是将一个或多个行为因素作为附加组件，并入标准效用函数，便于研究者评价行为因素所引发的效果。

给定效用后，供应链上的决策者需要在个人收益和个人效用之间进行权衡。譬如，一方是否可无拘无束地最大化自身收益，不管对方的感受呢？不能。如果对方关注不公平的利润分配，那么对方会采取措施惩罚供应链上的交易成员，供应链绩效将会恶化。

● 程序公平感 [2]

具有程序公平感的决策者侧重于实施公平的过程，认为只要过程设计得合理，所产生的结果就是公平的 [3]。

阅读至此，栾胜华教授评述道，在组织行为学和一般性的企业管理领域，程序公平感得到了学者较为普遍的关注，但是，经济、管理决策领域学者关注得较少；可以考虑可能影响程序公平的因素，比如是否公开透明、是否有前车之鉴、是否考虑弱势群体等，通过案例和

1　Bolton 和 Ockenfels（1998）将具有公平感的个体效用函数刻画为 $U_i(\sigma_i) = a_i c \sigma_i - \frac{b_i}{2}\left(\sigma_i - \frac{1}{2}\right)^2$，其中，若 $c=0$，则 $\sigma_i = \frac{1}{2}$；a_i 是决策者对自己绝对收益的公平感参数，$\frac{a_i}{b_i}$ 是决策者对相对收益的公平感参数，反映决策者对公平感的敏感程度。

2　关于决策者公平感的更多讨论见 "6.4 共享单车模式的盈利点"。

3　Thibaut 和 Walker（1978）提出程序公平。他们通过研究不同的司法审判程序如何影响诉讼者对审判结果的满意度以及他们对审判过程的公平知觉，认为只要人们有过程控制的权利，不管最终审判结果是否对自己有利，公平感都会显著增加。

实验来检验对人们程序公平感的影响。

依笔者理解，在经济、管理决策领域，具有程序公平感的决策者表现为对分配过程中程序机制的感受公平[1]。这种方法将行为因素直接结合到标准函数中，或每个可能行动中，这不会产生可分离的函数形式。对研究者而言，可能不是那么容易去评价行为因素所引发的效果。

供应链系统中的程序公平表现为，首先，领导者决定是否使用公平过程的决策权利；其次，追随者判断决策程序是否公平。当领导者没有使用公平过程时，追随者对程序公平关切会降低其效用。

┌

定性地讲，在广阔的空间里，信任既有"直"又有"德"的意味，信任者审视被信任者给予的"怨"，可"大小多少，报怨以德"。在信任关系构建过程中，恰当承诺可缓解不信任带来的冲突。信任促进决策者合作，当决策者建立起合作关系后，依据每次决策的结果，决策者在自我与他人之间形成结果与程序公平感，周而复始，公平感又影响决策者的随后决策行为。

1　Rabin（1993）提出一个刻画程序公平感的模型。笔者依据对 Rabin（2003）一文的理解，略做修改后，将参与人的程序公平感刻画如下。参与人 i 采取行动 a_j，参与人 i 认为参与人 j 会采取行动 b_j，参与人 i 认为采取行动 b_j 的参与人 j 会认为参与人 i 会采取行动 c_i。参与人 i 对参与人 j 的友好度为 $f_i(a_i, b_j) = \dfrac{\pi_j(a_i, b_j) - \pi_j^r(b_j)}{\pi_j^h(b_j) - \pi_j^{min}(b_j)}$；当 $\pi_j^h(b_j) - \pi_j^{min}(b_j) = 0$ 时，$f_i(a_i, b_j) = 0$；参与人 i 认为参与人 j 对参与人 i 的友好度为 $\tilde{f}_j(b_j, c_i) = \dfrac{\pi_i(c_i, b_j) - \pi_i^r(c_i)}{\pi_j^h(c_i) - \pi_i^{min}(c_i)}$；当 $\pi_i^h(c_i) - \pi_i^{min}(c_i) = 0$ 时，$\tilde{f}_j(b_j, c_i) = 0$。记 $\pi_j^r(b_j) = \dfrac{\pi_j^h(b_j) + \pi_j^l(b_j)}{2}$，$u_i(a_i, b_j, c_i) = \pi_i(a_i, b_j) + \tilde{f}_j(b_j, c_i)[1 + f_i(a_i, b_j)]$，其中，$\pi_j^h(b_j)$ 和 $\pi_j^l(b_j)$ 分别为 $\pi_j(b_j)$ 的帕累托边界中，参与人 j 的最高支付和最低支付，$\pi_j^{min}(b_j)$ 是参与人 j 的最低支付。校读至此，张庆追问，何为帕累托边界？他自答，参与人的行动，使资源配置已经达到一种状态，即任何重新调整不可能在不使其他人收益变坏的情况下，使任何一个人的情况变好，那么，这种资源配置的状况是最有效率的。

　　定量地讲，决策者间信任与公平感的刻画方式各种各样。这或许是因为，一是，决策者的信任与公平感是场景依赖的，不存在一个统一的刻画方式。或如栾胜华教授所言，"决策者的公平感受不是仅仅从一个角度就能刻画清楚的"。二是，研究者对决策者如何形成信任与公平感的认知过程，依旧没有探索清楚。

5.4 采购策略中的冲突

2015年,在章子怡的生日派对上,汪峰通过无人机送来了一颗9.15克拉的钻戒,并向章子怡求婚,章子怡落泪说出"我愿意"。

"汪峰""章子怡""求婚""无人机",这些关键词让此事一举登上了各大媒体的头版头条。在整个求婚事件中,无人机起到了重要作用,而行动中使用的正是来自深圳大疆创新科技有限公司(简称大疆公司)的主打产品——大疆精灵Phantom 2 Vision+。

无人机的供应链包括电机、外壳、芯片、飞控、电池、传感器、GPS、陀螺仪、动力系统、测绘仪器、电子元器件等。大疆公司在业界占据绝对优势不仅依靠其先进的开发技术,更离不开其完备的供应链管理。

零售商多元化采购有何好处？

为何过于追求产品的高质量也给企业带来消极影响？

为何苹果公司要状告其供应商三星公司？

早些时候，企业的运营思路是"大包大揽"式的纵向一体化，能自己做的，尽可能自己做。譬如，在福特汽车主导的时代，从开矿、组织、生产，再到销售，汽车企业全部亲力亲为，获得收益；福特汽车为生产汽车，甚至种大豆[1]。

随着专业化的分工深入，大包大揽型的制造商少之又少。制造商将外包关系引入企业的内部运营，打破企业的内部科层制度。一些制造商专注于品牌设计、市场客户关系、创新型的技术等核心能力的提升，而另一些制造商专注于生产。

譬如，无人机的制造涉及众多电子部件，大疆公司保留了核心技术，其他普通零部件则通过代工形式生产制造。大疆公司能在市场竞争中胜出，除了公司本身的战略定位明确之外，还得益于它庞大的供应商支撑系统，譬如，大唐电信负责芯片生产，欣旺达负责电池生产，芯森科技供应软硬板。

深圳的大疆公司，在实施采购策略之时，能同时利用供应商的低成本与快速响应能力，它是如何做到的呢？

其一，高效运营的供应链网络决定了产品质量。深圳拥有完整的工业体系和大量的熟练工人，保障了产品质量。

其二，在深圳所处的珠三角地区，甚至与我国邻近的东南亚范围内，产品的加工、装配成本相对较低，低廉的成本使得大疆公司能够

---

1 资料来源:《互联网时代》电视纪录片，中央电视台制作，导演是石强和孙曾田，首播时间是 2014 年 8 月。

在市场上以价格优势获得消费者的青睐。

其三，通过庞大的供应链网络和完善的供应商管理，大疆公司能和供应商进行有效沟通，提高出货效率，保证产品更新换代方案的有效实施。

以大疆公司为代表的企业，在向供应商采购时，如何考虑供应商的交付时间、成本、质量等因素呢？

交付时间与采购成本

企业选择供应商时经常会在采购成本和交付时间之间做权衡。降低采购成本通常意味着一个较长的交付时间，缩短交付时间则需要企业付出更高的采购成本。

● 总是非此即彼吗

企业所面临的不确定性需求由两部分构成——有规律性可预测的稳定部分，和难以做规律性预测的不稳定部分。对于稳定部分的需求，企业可早做打算，提前向效率型供应商订购；对于不稳定部分的需求，企业采取"临时抱佛脚"方式，随着销售期临近，一旦之前的订购量不足以满足需求，立刻向响应型供应商订购。

相对于只向效率型或响应型供应商订购，当企业采取向两类供应商订购的模式时，企业不仅可利用效率型供应商，获得成本优势，也可利用响应型供应商，获得响应速度快、交付时间短的优势，使企业可快速地响应市场需求。

譬如，一个在美国的零售商，售卖单位产品的价格为 10000 美元，可分别从位于两个国家的供应商处订购。

若从墨西哥的供应商处订货，单位产品的采购成本为 8000 美元，到货周期为 1；若从中国的供应商处订货，单位产品的采购成本为 7250 美元，到货周期为 4，由于从中国的供应商处采购货物不能较快地到货，会占用资金，从而导致资金成本较高。相比之下，从中国的供应商处订货，零售商付出较低的采购成本、较长的提前期；从墨西哥的供应商处订货，零售商付出较高的采购成本、较短的提前期（Allon 和 Mieghem，2010a）。

美国零售商的订购策略为，提前较长时间，以较低价格，从中国的供应商处订购产品；在临近产品销售季节时，以较高价格，从墨西哥的供应商处补订产品，以保证总库存水平满足市场需求（Allon 和 Mieghem，2010b）。

● 差异化竞争

竞争型零售商通过选择不同类型的供应商——效率型供应商和响应型供应商，可实现互利共赢。

与效率型供应商打交道，零售商可以较低的采购成本获得产品，但是，零售商在决定订购量时面临的需求波动大，相应地，供需不匹配导致的成本也高。

与响应型供应商打交道，零售商可在临近需求实现时决定订购量，相应地，供需不匹配引发的成本也较低；但是，由于响应型供应商的生产成本较高，零售商采购产品的成本较高。

竞争型零售商的双赢决策是采取差异化竞争策略。一个零售商利用响应型供应商所带来的快速响应需求优势，另一个零售商利用效率型供应商所带来的采购成本低的优势（Wu 和 Zhang，2014）。

实践中，竞争型零售商可能会同时选择效率型供应商和响应型供应商，在这种情况下，零售商之间是否还存在错峰竞争和双赢局面呢？

笔者也不清楚。

质量与生产成本

质量是企业选择供应商的首要因素。

● 对低成本的过度追求可能降低产品质量

供应商提供的产品质量越高,越有利于企业日常生产活动的组织。以汽车制造业中的精益管理思想为例,该思想是从日本丰田汽车公司引进推广而来的物料拉动模式,基本原理是跟踪生产物料实际消耗情况,根据消耗情况拉动补料,尽量减少生产线边及库房中物料挤压。精益管理思想中的拉式补料方式,要求供应商以六西格玛[1]的标准,提供质量可靠的产品。

追求高质量之时,又要控制成本,可能引发两种结果。

一方面,令企业进入持续改善的良性轨道,直接的结果是提高了企业的运营管理水平,间接的结果是提高了企业解决各类运营管理问题的能力,即企业通过有形的问题,获得了无形的能力,将来能够解

---

1 西格玛(希腊字母:σ),在数理统计中表示"标准差",是表征任意一组数据或过程输出结果的离散程度的指标,是一种评估产品和生产过程特性波动大小的参数。西格玛质量水平则是将过程输出的平均值、标准差与质量要求的目标值、规格等联系起来进行比较,是对过程满足质量要求能力的一种度量。西格玛水平越高,过程满足质量要求能力越强;反之,西格玛水平越低,过程满足质量要求的能力越弱。六西格玛质量水平意味着百万次中,产品质量出错不超过 3.4 个。六西格玛管理通过系统地、集成地采用业务改进流程,实现缺陷的过程设计(Design for Six Sigma,DFSS),并对现有过程进行界定、测量、分析、改进和控制(Define,Measure,Analyze,Improve,Control,DMAIC)。

决更多、更难的问题，不断提升运营能力 [1]。

另一方面，令企业陷入对低成本的过度追求，导致产品质量下降。丰田近些年连续发生召回事件，2009 年 8 月，由于出现有缺陷的零部件，丰田在华召回凯美瑞等品牌的部分轿车，涉及约 68 万辆汽车 [2]；2017 年 4 月，由于丰田安全气囊存在缺陷，丰田宣布在中国召回 65 万辆汽车 [3]。

● 对产品质量的过高要求增加管理供应商的难度

丰田汽车为何频发召回事件？这与丰田对产品质量和成本的权衡策略不无关系。丰田一直希望成为世界汽车市场占有率的老大，而不断地进行海外扩张；为降低成本，又大力推行全球化采购策略。这种情况下，丰田的供应链条不断地被拉长，导致供应商管理难度增大，难免会在某个环节，出现质量管理不到位。

供应商管理难度为何增大？事实上，成为丰田供应商的门槛非常高，但是一旦成为丰田的供应商，丰田便不会时刻检查供应商产品的质量。

对供应商而言，原来要以很高的质量要求迈过丰田的门槛，后来会认为降低一点儿质量、节约一点儿成本也是可行的，所以供应商有动机偷懒。

对丰田而言，供应商的偷懒行为可能引起客户的抱怨，影响将来产品商誉，丰田有动机去监管众多供应商，但是，实时监管的成

1　这样的句子，令人感觉是正确而无用的。笔者尚无法提供例子佐证，但又觉得理应如此。

2　《丰田召回事件》，百度百科，https://baike.baidu.com/item/%E4%B8%B0%E7%94%B0%E5%8F%AC%E5%9B%9E%E4%BA%8B%E4%BB%B6/8009958［2018–05–20］。

3　《"杀人气囊"导致丰田全球召回 290 万辆中国占 65 万辆》，http://auto.qq.com/a/20170401/012228.htm［2018–05–20］。

本较高，导致丰田对供应商的管理难度增加。

如何解决上述问题呢？笔者也不知。

竞争与专利研发成本

"卧榻之侧，岂容他人酣睡"意在表明自己的势力范围或利益不容他人染指。企业采购零部件时，可能会泄露专利信息，影响自身的竞争力。

苹果公司拥有以 iPhone 为代表的智能手机的核心技术，但需要向三星公司采购组件[1]，包括液晶面板、移动应用软件处理器和 NAND 闪存芯片等，这让三星公司的生产成本在行业内具有竞争力。

苹果公司将三星公司告上法庭，要求其赔偿专利侵权损失并禁售部分产品。苹果公司认为，三星第一代 Galaxy 手机与苹果公司 iPhone 手机的相似程度极高；考虑到三星公司是其重要的供应商，苹果公司向三星公司提出愿意有偿转移相关技术，却遭到拒绝，之后苹果公司将三星公司告上法庭。僵持七年后，法院裁判三星公司支付苹果公司 5.48 亿美元的赔款[2]。

三星和苹果的专利诉讼大战并未解决两者之间关于专利既竞争又合作的"灰色地带"，也许，并不需要，因为这是一个双赢的安排。

事实上，苹果公司试图寻找三星公司之外的零配件供应商，如台积电、东芝、夏普等。然而，这些企业所有交付的零配件存在一定

---

1 《苹果三星大战：捍卫专利还是捍卫利益》，http://money.163.com/12/0801/19/87RJL-MNJ00253B0H.html［2018-11-21］。
2 《苹果、三星在手机触摸屏上的专利纠纷》，http://e.tech.163.com/docs/5/2015121313/BANH63K300964KJ8.html［2018-01-01］。

比例的"劣质零配件",这使得苹果公司使用双源采购策略:从三星公司采购一部分零配件,从台积电等供应商处采购另外一部分零配件(Niu 等,2018)。这对三星公司形成威慑,使得三星公司在模仿苹果手机时心有余悸:如果苹果公司认为三星"抄袭"又不耐烦于长期诉讼,苹果公司可以"撤单"。或许这种运营层面的决策威慑远比专利法律诉讼威慑要有效、低成本、长期、动态、持久。

对三星公司而言,通过为苹果公司提供零部件,较容易猜测出苹果手机的设计方案和零件组合安排,制造出与苹果手机类似的产品,虽然有专利设计"搭便车"效应,却节省了创意成本。当然,不排除三星公司与苹果公司"英雄所见略同",这可能是三星公司虽然被判交一些罚款,但罚款额度并不高的原因。

对苹果公司而言,需要把供应商三星和竞争对手三星区分开来。在一次季度收益电话会议上,一位金融分析师询问库克这次诉讼对双方供应关系产生的影响,库克言:"我们是三星最大的客户,三星对我们来说是一位非常重要的零部件供应商,我希望双方之间深厚的合作关系可继续。除此之外,我们认为三星的移动通信部门越界了。我们曾经试图解决这个问题,但最终还是决定依靠法院来定夺。"(尤卡瑞,2018)

在智能手机领域,作为苹果公司供应商的富士康,为何没有借助为苹果公司代工的学习机会,生产"富士康"牌手机,与苹果公司同台竞技呢?校读到此,牛保庄教授给出的解读如下。一是,富士康核心竞争力的自我认知。它暂时不想丢掉自己的制造核心竞争力,给外界造成一个偷学模仿泄露专利的印象。生产技术的提高和规模生产的低平均成本使它的核心竞争力得到进一步加强。二是,富士康找到替代性的赚钱策略:不做成品自主品牌,而是做零配件的自主品牌。为了得到某些零配件的专利和技术人才,富士康设计和生产了大量零配件，甚至收购了夏普，这使它得到了制造之外的零配件销售收益。

企业选择供应商，在权衡成本与交付时间后，会从多个供应商处采购。在权衡质量与生产成本时，若过度关注成本，则可能降低产品质量；若过度关注质量，则可能增加对供应商管理难度，增加供应商偷懒机会。在权衡竞争优势与专利研发成本时，专利保护度过高，会导致产品的价格过高，可能降低消费者对产品的接受度，以及减缓产品所处行业的发展进程。

5.5 双重加价引发冲突[1]

赢豫："为降低运营风险、保持产品价格竞争力，零售商试图压低产品批发价格，这迫使制造商不断降低原材料的生产成本，从而导致产品质量隐患。"

濮阳小娟："网易严选的口号是'好的生活，没那么贵'。它是如何在保持产品质量的情况下维持低价的呢？"

赢豫："第一，网易严选为所有供应商的压款提供利息，保证供应商的利润，与供应商建立良性的合作关系，从而保证产品的质量；第二，网易严选采用 ODM（Original Design Manufacturer，原始设计制造商）模式，直接与制造商合作，筛选知名品牌的制造商来确保产品质量，并跳过中间层层分销加价，从而提高产品的性价比；第三，网易严选利用网易的互联网优势，精准把握客户需求，与制造商一起快速响应客户需求的变化，降低供应链系统上的需求不确定性，提供系统总收益。"

濮阳小娟："网易严选的运作模式是一举三得。"

1　关于协调双重加价引发冲突的讨论见"5.6 渠道结构协调冲突"。

何为双重加价？

层层分销一定降低需求吗？

缩减分销渠道总能降低产品价格吗？

平台直销的模式越来越普遍，让很多行业产生了颠覆性变化。

扁平化企业与消费者的距离近，这为何能部分地避免产品层层分销引发的弊端，而令企业和消费者均获益呢？

层层分销引发的高零售价格影响需求量

● 层层分销引发的高零售价格降低需求量

制造商在产品成本的基础上加价后，将产品卖给经销商，经销商再将产品卖给零售商，零售商再将产品卖给消费者。

显然，加价环节越多，产品零售价格也就越高，这类现象被称为双重加价效应（Spengler，1950）。

双重加价效应还可被表述为：当市场上存在制造商和零售商时，两家企业为最大化各自利益，使产品经历两次加价，导致为最大化自身收益的零售商，向制造商订购较少数量的产品。多数产品的需求随着价格的增加而减少，越来越高的零售价格拉低了消费者对产品的需求量，使得供应链系统上成员的总收益减少。

消费者所在的供应链系统中，社会总福利降低了。这是因为，产品销售量降低了，价格升高了。对消费者而言，总消费效用降低了，由于供应链上企业的总收益也降低了，那么，消费效用和企业收益之和所代表的社会总福利也是降低的。

● 层层分销引发的高零售价格增加需求量

消费者比较能够接受的企业定价方法是成本加成法。换句话说，消费者能够接受因为成本增加而带来的价格增加，却不能接受其他因素，包括产品可获得率等对产品价格的影响。

消费者倾向于企业通过降低成本的方式来获益。当成本降低时，企业要和消费者共享所节约的成本。比如，企业生产产品的成本降低 40 美元，消费者知道企业生产成本降低的信息，此时如果企业定价降低 20 美元，那么消费者是可以接受的，但是如果企业保持产品价格不变，那么大多数消费者会认为企业的做法不公平（Kahneman，Knetsch 和 Thaler，1986）。

面对倾向于接受成本加成法、具有公平感的消费者，企业应如何应对呢？

一是，告知消费者关于产品成本的信息。企业成本信息的透明程度越高，消费者的购买意愿越强。譬如，Everlane 将产品的原材料成本、加工成本、运输成本、税收成本等全部告诉消费者[1]。

二是，提高产品成本，助推消费者的购买欲望。或是说，分销渠道中的双重加价效应有利于推动消费需求的增加。当消费者的公平关注度足够高时，即消费者对交易中的不平等足够敏感时，制造商可通过提高批发价格来使消费者感到公平。内生化的批发价格可作为一种战略武器，影响消费者对交易公平性的看法，并使他们愿意支付更多的费用，这反过来又可提高制造商的盈利能力。因此，制造商可能会采取分销渠道售卖产品（Yi 等，2018）。

---

1 《这个叫 Everlane 的品牌要做十年都不过时的衣服，还把成本都列给你看》，https://www.huxiu.com/article/128140/1.html?f=index_feed_article［2018-06-30］。

缩减分销层级可降低产品零售价格

若企业能绕过层层分销商，在产品成本的基础上加一定利润，确定零售价格以及对应的需求量，将产品直接销售给消费者，最大化自身收益，就可缓解双重加价效应。

譬如，戴尔电脑采用直销方式，降低产品的库存水平，使其产品的零售价格能维持在一个较低水平。库克到苹果公司任职之初，博采众长，向戴尔公司学习，但没有照搬照抄，不学戴尔公司的个性化定制做法，而学物流管理系统，改革苹果公司的产品仓库管理系统，按订单生产，用直销方式售卖电子产品。

这么想来，缩减企业与消费者间的分销环节，能避免产品层层分销引发的双重加价效应，令企业与消费者均获益，这就需要产品的定价以产品的成本为基石，或者说，企业需对产品的定价有主导权。

缩减分销层级未必总能降低产品零售价格

然而，若企业对产品的定价不以产品成本为基石，或企业对产品定价没有太多主导权，或产品需求随着价格的增加不减少，那么企业缩减分销环节无益于缓解供应链系统中的双重加价效应。

譬如，若产品价格受消费者支付意愿影响，企业不会采取以产品成本为基石的定价方式，那么企业缩减分销层级，也无助于降低产品价格。

药价虚高[1]与双重加价有关。药品经药厂、层层药品批发企业、医院，到患者手上时，经过层层加价，价格自然不菲。如何应对？若医药流通行业采用两票制：生产企业到流通企业开一次发票，流通企业到医疗机构开一次发票[2]，通过减少流通环节，杜绝走票、洗钱等行为，可在一定程度上降低药价。

两票制可被用于降低药价吗？以某药品为例，在没有实施两票制的湖北省[3]，该药品的出厂价是每盒 5 元，中标价为每盒 30 元；在实施两票制的福建省，药品出厂价是每盒 25 元，中标价为每盒 30 元。是否实施两票制对最后的中标价没有影响，两票制倒逼药厂抬高出厂价，掩盖虚高的中标价。

为何两票制未能缓减药价虚高呢？

一是，药品利润的分配中，约有 1/3 用于临床费用，特别是在处方药的销售中，医生的处方权决定着药品的销售，部分药品若无临床费用，很难销售。

二是，两票制的推行时间不长，药品供应链系统中的定价均衡尚未调整到位。

---

1 高昂的药品价格有两类表现，一类是国产药品，层层分销引发过高价格；一类是进口药，过高关税引发过高价格。电影《我不是药神》（导演文牧野，2018 年 7 月 5 日在中国上映）反映进口药品价格过高引发的民生问题。李克强总理批示："抗癌药是救命药，不能税降了价不降""必须多措并举打通中间环节，督促推动抗癌药加快降价，让群众有切实获得感。"本书在此仅讨论双重加价对国产药品价格的影响，进口药品价格不仅受到分销渠道结构的影响，还受到关税政策的影响，这是一个有趣的话题，有待进一步探讨。

2 《国务院办公厅关于印发深化医药卫生体制改革 2016 年重点工作任务的通知》，http://www.nhfpc.gov.cn/tigs/s7846/201604/ede9ab7526aa4222a56c7b906ae334af.shtml［2017-11-01］。

3 《2017 年 6 月 16 日，湖北两票制文件正式发布，2018 年 1 月起全省全面实行》，http://www.sohu.com/a/149607818_209296［2018-06-30］。

不能有效拉低药价的两票制一无是处吗？不尽然。一些药物的存储需要严格控制环境，对温度要求高。若中间流通环节多，运输过程中很难保证药品都能在合适的环境下保存；一些药品在出厂检测时是合格的，到患者手中时，却由于运输过程控制不严格而失效。因此，两票制有助于减少药品中间流通环节，保证药品质量。

渠道分销中的双重加价是一把"双刃剑"。它的存在使理性消费者觉得产品价格高，而减少购买需求；又使考虑公平感的消费者觉得产品价格相对合理，从而增加购买需求。若试图通过缩减分销层级，减缓双重加价效应，决策者需思量是否总能达到预期效果。

5.6 渠道结构协调冲突

2018年7月，在南京，赢豫第一次从网上购买了一杯现磨的瑞幸咖啡。一边啜着咖啡，一边与傅啸教授闲聊。

傅啸教授："星巴克咖啡和瑞幸咖啡用的咖啡豆品种都是阿拉比卡，成本相差无几，但两者的运营思路不同。星巴克为保证咖啡的口感，不自行做外卖。如果顾客觉得咖啡做得不好，可要求重新调一杯。而瑞幸咖啡主推外卖，采用的还是第三方快递，送达时间尚不能保证，可能影响咖啡的口感。不过瑞幸的管理人员部分来自星巴克，试问这样又怎能颠覆星巴克咖啡？"

赢豫："2017年10月，星巴克关闭了已经运营了6年的直销渠道，并宣称关闭直销渠道，是为简化星巴克销售渠道，让消费者更多光顾星巴克门店。星巴克虽然放弃了线上渠道，但是保留了线下移动支付，并且更加注重线下体验感，以此来增加消费者的消费效用。在关闭直销渠道之后，星巴克在天猫的旗舰店依旧在营业，或是说，其通过网络平台销售产品的分销渠道依然存在。"

傅啸教授："当星巴克关闭直销渠道之时，瑞幸却在开设咖啡的分销和直销渠道，不仅开设门店，满足注重门店服务的消费者需求，也为需要在办公室、家里及上班路上喝优质咖啡的消费者提供外送或外带服务。"

赢豫："为何星巴克要关闭直销渠道，而瑞幸却要同时开设直销与分销渠道呢？"

　　为何增加零售商间的竞争，可缓解供应链上下游成员间的双重加价效应？

　　直销渠道和分销渠道间能互惠互利吗？

　　为何平台企业要"分饰两角"？

　　在实体渠道建设方面，瑞幸的门店多建在不热门的商业大厦内，起到外卖配送点的服务功能。而星巴克在一线商圈有好几家店，本来以为会自身相互竞争，结果人气爆棚，反而起到了很好的宣传作用。笔者曾与朋友约在南京南站候车厅的星巴克会面，却约而不见，询问星巴克的工作人员后知晓，星巴克在南京南站有 4 家，候车厅内 2 家，候车厅外 2 家。

　　在线上渠道建设方面，瑞幸的线上渠道主要售卖咖啡，走的是互联网营销、送优惠券的模式；瑞幸想用"互联网 +"思维，本没有错，只是瑞幸能坚持多久，能看见春天吗？星巴克的线上渠道售卖的不仅有咖啡，还包括周边产品，比如咖啡豆、水杯和充值卡等。

　　推而广之，考虑到不同渠道的相对竞争优势，企业未必总是从开拓直销渠道的行动中受益，曾经通过两个渠道售卖产品的企业，开始选择性地关闭分销、直销渠道，或平台渠道。

　　分久必合，合久必分。多种渠道之间虽然存在竞争，却也出现了共赢、共生局面。为何如此呢？

借助直销，适当加强零售端竞争

　　借助零售商，即分销渠道，或自建销售渠道，即直销渠道，制造商将产品直接售卖给消费者，适当加强零售端竞争，可降低产品的零售价格，缓解制造商与零售商间的双重加价效应，令双方受益。

● 制造商的直销渠道中产品售卖成本适中

一些制造商在传统零售渠道基础上，引入直销渠道。如海尔、海信，甚至是奢侈品品牌都相继开设直销模式，卡地亚[1]甚至借助直销模式一改大中华地区的销售疲态，营业额突飞猛进[2]。

若制造商通过直销渠道售卖产品的边际运营成本非常低，那么，制造商将不会借助零售商售卖产品，而是在直销渠道中直接售卖产品。

若制造商通过直销渠道售卖产品的边际运营成本适中，并且高于零售商售卖产品的边际运营成本，那么，制造商通过直销渠道售卖产品，会使制造商与零售商均受益。当制造商以一定成本引入线上直销渠道后，需求市场上，制造商与零售商间开展数量竞争，可降低产品的零售价格，增加产品的市场总需求量。

若制造商通过直销渠道售卖产品的边际运营成本非常高，那么制造商开设直销渠道是不经济划算的，制造商会只借助零售商售卖产品。

当制造商的直销渠道中产品售卖成本适中时，从零售商和制造商视角看来，有如下讨论。

对零售商而言，制造商通过直销渠道售卖产品，使零售终端的竞争加剧，零售商占据的市场份额降低，产品的零售价格降低；制造商为激励零售商多订购产品，会降低给零售商的产品批发价格，这使零售商的边际收益增加。虽然零售商占据的市场份额降低，但是零售商的收益可能增加。

1　卡地亚中国的直销渠道网址：http：//www.cartier.cn/。
2　《大中华区销售表现最好！卡地亚母公司历峰上半财年利润猛涨80%》，http://www.chinasspp.com/News/Detail/2017-11-13/397362.htm〔2018-07-02〕。

对制造商而言，虽然提供给零售商的批发价格较低，但零售商会因较低的批发价格而增加订购量；并且制造商还可获得来自在直销渠道售卖产品的收益。因此，引入直销渠道后，制造商收益可能增加（Arya 和 Mittendorf，2007）。

笔者在与学生合作研究过程中，常去追问其中的边际收益变动与市场份额变动之间的权衡。张庆同学悟到，上述权衡是由研究假设中有关需求量是价格的递减函数而引发的。需求价格弹性系数描述的即为需求量对价格变动的反应。

● 消费者对直销渠道中产品接受度适中

制造商开设直销渠道，加强零售端的竞争，降低产品零售价格，增加市场需求，促使分销渠道中的零售商增加订购量；由于消费者对直销渠道的接受度不如分销渠道的高，使得制造商和零售商的收益均增加（Chiang，Chhajed 和 Hess，2003）。

若零售商间是基于价格竞争，而非数量竞争，制造商有可能从直销渠道的开设中受益吗？回答是也有可能。读到此处，读者可能会心生疑问，为何要关注零售商间的竞争态势呢？这是因为，相对于数量竞争，若零售商间采取价格竞争，所引发的竞争激烈程度较高（Singh 和 Vives，1984），即便如此，制造商也能够在与零售商间的价格竞争中，达成双赢局面。

何为数量竞争？价格竞争又是什么？数量竞争又被称为古诺竞争，该模型由 Antoine Augustin Cournot 于 1838 年提出，假定市场中只有两个卖者，且相互间没有任何勾结行为，但都知道对方如何行动，从而各自确定产品产量，最大化各自利润。与数量竞争模型对应的是价格竞争模型，又被称为伯川德模型，该模型由 Joseph Bertrand 于 1883 年提出，不同于古诺竞争模型，伯川德模型中两个卖者确定产品定价。

借助平台，销售小众产品[1]

● 小众产品需求，集腋成裘

如果把产品需求比成动物尾巴的粗细，一条长长的动物尾巴，由粗到细，尾巴越长的部分越细，像小众产品又被称为长尾产品，处于尾巴最长也最细的部分。虽然每个小众产品的需求量很小，但若将多数小众产品聚集在一起，可产生可观的收益。这就造就一种现象，一些在线下商店根本找不到、卖不动的长尾产品，在售卖网站上却能找到生存的空间。

并非平台企业孕育出长尾产品，长尾产品与无限货架空间的关联要追溯到目录销售的商业模式中。19世纪末，铁路运输网络系统蓬勃发展，这意味着，企业能够把五花八门的产品送往各地。批量采购、铁路系统、邮局的包裹邮寄，代替了乡村的高价商店，给乡村顾客提供了一个满意选择：打开邮购目录，可供选择的产品竟然比普通商店所陈列的产品多出上千倍，而且，价格也有竞争优势。

● 加入平台分销

平台企业分销产品主要有两种模式。一种是，平台自营模式，平台企业自己买进再卖出产品；另一种是，第三方自营模式，供应商在平台上卖产品，产品不经平台仓库流动。

平台的自营模式能快速响应客户需求，客户体验好。特别地，当需求量多时，可利用规模经济效应；当需求量小时，因为需要快速响应需求，且需要在规定时间内发车，所以货车满载率不高，但是，快速配送、快速响应可让客户满意度提高，从而赢得更多的客户。

---

1 关于企业通过电商平台销售产品的定价策略的讨论见"1.1 消费的经济划算"。

同时拥有两种模式的平台型企业，把同一类产品的平台自营和第三方自营放在一个采购或运营部门里，方便管理者的品类决策：同一产品中多少产品做平台自营、多少产品做第三方自营，以及不同产品中什么产品做平台自营、什么产品做第三方自营。

平台决策者的权衡之处，看似在于运营成本和顾客体验。若对于新产品，拿不准其未来销量，可先让第三方去卖，如果卖得好，平台再自行售卖。

其实，平台型企业在进行品类决策时，对平台自营和第三方自营模式的分析没有本质区别，在成本和顾客体验之间的权衡也不是个事，最主要的指标其实是库存周转率，周转率影响现金流，库存周转越快，现金流转的次数越多，无论是第三方自营还是平台自营，只要产品卖得好，周转率高，即使不是平台自营，平台型企业也有意愿帮助第三方企业周转售卖产品。或是说，对平台企业而言，特别是以售卖小众类产品为主的企业，应该根据自身战略，权衡产品品类量和库存周转率，让自己成为消费者爱来购买、库存又能转得起来的企业。

渠道结构管理是企业运营的核心。制造商能够借助直销渠道，适当加强零售端的竞争，实现制造商与零售商的双赢。零售商能够借助平台，销售小众产品；与此同时，平台根据自身的战略定位，吸引销售小众产品的零售商入住，让自己成为消费者首选的购物平台。

供需匹配管理

——从收益管理到平台运营

CHAPTER
6

Supply-demand Matching Management:
From Revenue Management to Platform Operations

6.1 动态调价售卖机票

蔡瑾玲:"下个月,我们去成都上课,是否提前订机票了?提前订票,机票可能便宜点。"

张庆:"我查了从南京到成都的机票,若现在预订,是提前四周左右,只有9折左右的机票。可能是暑期旅行旺季的缘故,我们可再等等,看航空公司是否降价。"

蔡瑾玲:"策略性等待的乘客。"

三周之后。

张庆:"航空公司没有降低机票价格的迹象。"

蔡瑾玲:"等不到机票降价了,现在不买的话,可能就买不到机票了。"

航空公司为何会以"白菜价"售卖机票？

航空公司如何应对乘客的策略性等待行为？

动态调价下，航空公司如何安抚乘客感受到的不公平？

酒店和航空公司为什么会不断调整产品价格呢？有两个原因：首先，资源是有限的，并且不能补充。其次，消费者的支付意愿是异质的，不同人对同一产品或服务的支付意愿不同。那么，企业如何将有限、易逝资源，售卖给按一定顺序到达、支付意愿各不同的消费者，以获得最大的收益？动态调价是一种应对方式。接下来，笔者以航空机票为对象，说明在不同情境中，航空公司的动态调价策略。

低支付意愿乘客先到，高支付意愿乘客后到

● 动态调高价格 [1]

经济舱的乘客若在飞机上询问身边乘客所购机票的价格，会发现，同样的座位和服务条款，不同乘客支付的票价不同。这是因为，不同乘客购买机票的时间不同。

在不同时间，机票价格不同。通常，提前几个月购买，机票价格低一些；临近起飞前的一小段时间内购买，机票价格高一些；再到起飞前几个小时内购买，机票价格可能高，也可能低。

当下，航空公司不一定要售出所有机票给乘客，因为明天可能有其他乘客愿意付更高价钱购买同样的座位；况且，同一个乘客，明天

1　关于企业动态调整服务价格策略的更多讨论见"6.3 共享单车的空间布局"和"6.6 撮合司机与出行者'在一起'"。

对机票的支付意愿可能也不同于今天。

在航班起飞前的几个月内，航空公司刚开始售卖机票，面对的乘客群主要是休闲旅客、学生等人群，这些乘客通常对价格比较敏感，而对出行时间不敏感，他们能够根据机票价格的走势，提前计划休闲旅行、探亲的出行时间。此时，航空公司会设定一个较低的机票价格，希望提前获得一定量的订单，降低未来机票无法售出所造成的损失。

在航班起飞前的一小段时间内，航空公司会提高机票价格。在这个时段内，预订机票的乘客多数是商务型。因商机瞬息万变，这些乘客无法提前确定商务出差的计划，而且他们通常对价格不太敏感。

如何衡量"几个月"与"一小段时间"？航空公司该如何把握机票价格变动的时机和方向呢？或是说，航空公司该如何正确地估计两类支付意愿乘客的数量呢？这是决策难点所在。若高估了低支付意愿的乘客数量，航空公司会损失从高支付意愿乘客身上获取的收益；若低估了低支付意愿的乘客数量，航空公司会有多余的高价票剩余。不管是哪种错误估计，都会给航空公司造成收益损失。

● 在"最后一分钟"超低价售卖机票

若错误估计了不同类型的乘客数量，航空公司能采取什么补救措施呢？在航班起飞前的几个小时内，一些航空公司采取非常规方式，向愿意在最后一分钟买票的乘客，提供优惠机票。九元航空通过官方APP的"9块钱秒杀机票"渠道，给乘客提供了一个最后一刻买便宜机票的渠道。

既然乘客能接受高价票，且航空公司没有告诉乘客还剩多少座位，为何航空公司还要提供"9块钱秒杀机票"渠道呢？

对航空公司而言，多服务一名乘客的成本是多少？一杯袋泡茶和一份盒饭而已；航空公司能在不明显增加运营成本的基础上，以较低价格抛售剩余机票，获取更多利润，提高单次航班的收益。航空公司这样做的前提是，航空公司不会告诉乘客究竟还剩多少座位，若透露相关信息，最后一刻所剩机票的数量变得容易预测，乘客会策略性地等到飞机起飞前"最后一分钟"再去购票，航空公司会失去本来愿意购买高价机票的乘客。

低支付意愿与高支付意愿乘客到达顺序随机

低支付意愿与高支付意愿乘客的到达顺序可能是随机的，而不是如前所言，低支付意愿的乘客先到达，高支付意愿的乘客后到达，即这两类乘客的到达顺序是不一定的。那么，航空公司应该以怎样的定价策略售卖机票呢？

● 依乘客类型，确定机票价格

在提出定价策略前，先要界定如何衡量定价策略的好与坏。不妨以预期收益和最大收益之间的比率为目标，航空公司最优定价策略的目标是，在最差情况下最大化这个比率。何为最差情况？借助例子说明。

一趟航班有 100 个经济舱座位，航空公司可定每张机票 1000 元的高价，也可定每张机票 500 元的低价。航空公司面临两类乘客，一类是低支付意愿的 100 位乘客，另一类是高支付意愿的 100 位乘客，这两类乘客到达的顺序是随机的。航空公司的机票售卖有两种策略，一种是短视策略，即先到先得；另一种是保留策略，即优先满足高支付意愿的乘客，等高支付意愿的乘客出现，方售卖机票。

若航空公司采用短视策略，所面临的最差情况是，低支付意愿的100 位乘客先到达，高支付意愿的 100 位乘客后到达，记为第一种最

差情况。本来，航空公司最高收益可为 100 × 1000=100000 元，但是
采用短视策略时，其收益为 100 × 500=50000 元，所以预期收益和最
大收益之间的比率是 1/2。

若航空公司采用保留策略，所面临的最差情况是，只来了 100 位
低支付意愿的乘客，记为第二种最差情况。本来，航空公司最高收益
可为 100 × 500=50000 元，但是由于航空公司只等待高支付意愿的乘
客到来，所以没有售出一张机票，所以预期收益和最大收益之间的比
率为 0。

可见，无论是短视策略，还是保留策略，都无法保证航空公司总
能获得最大收益。

● 有限售卖低价机票数量

航空公司可采取有限出售机票策略，有限出售的机票数是 60 张。
若实行这种策略，在上述两种最差情况下，首先，航空公司以每张
500 元的价格卖出 60 张机票；随后，等待高支付意愿的乘客到来。在
第一种最差情况下，航空公司的收益为 60 × 500+40 × 1000=70000 元；
在第二种最差情况下，航空公司的收益为 60 × 500=30000 元。那么，
在两种情况下收益比率分别是 7/10 和 3/5，明显分别比 1/2 及 0 高。

现实中，每卖掉一张机票，航空公司就会调整机票的价格，可不
是如上所言么简单。

低支付意愿乘客先到达，并策略性地等待

上述行文假定乘客的购票行为是短视的，即要么当下立刻购买，
要么不购买并永久地离开。

现实中，很多乘客的购买行为具有策略性，如蔡瑾玲和张庆购买从南京到成都机票的决策过程，乘客在机票高价时，会策略性地等待航空公司降价，然后再购买（Shen 和 Su，2007）。

若到达的乘客具有前瞻性，可策略性地决定购买时间，这种情形下，企业应该如何定价？然而，Chen 和 Farias（2018）发现，消费者具有策略性等待行为时，随着初始库存和顾客到达规模逐渐变大，固定价格策略同样是渐进最优的[1]。

何为供需规模的大与小？为何在供需规模均较大时，企业固定价格策略可能是最优的呢？ Chen 和 Farias（2018）的作者之一陈祎伟教授解释如下。

比如，产品 1 的供应规模为 10，需求规模为 20，那么，产品 1 的供需比为 1∶2，这类产品多属于长尾产品。产品 2 的供应规模为 100，需求规模为 200，那么，产品 2 的供需比依然为 1∶2，这类产品多属于日常用品。此时，产品 1 的需求规模相对小，产品 2 的需求规模相对大。

对于需求规模相对小的产品，供应量多一个或少一个，需求被满足的可能性变化较大。这类情况可被定义为非渐进区间。在非渐进区间内，企业面对策略型消费者，最优策略是采取动态定价策略。对于需求规模相对大的产品，供应量多一个或少一个，需求被满足的可能性变化较小。这类情况可被定义为渐进区间。在渐进区间内，企业面对策略型消费者，最优策略是采取固定价格策略。

为何供需比均为 1∶2，在非渐进区间与渐进区间内，企业的最优定价策略不同呢？为回答这个问题，先要回答动态定价与固定价格策

---

1 证明这一结论的过程不易，需引入机制设计作为证明中的桥梁，证明过程参见 Chen 和 Hu（2017）。

略的差异。

假设企业面对两种类型消费者，一类消费者的时尚感很强，是价值高的消费者，他们购买产品所得效用包括产品基本价值和时尚价值，若让他等一段时间，他购买产品所得时尚价值会消退得很快；另一类消费者的时尚感不强，是价值低的消费者，他们购买产品是冲着产品基本价值去的，那么，让这类消费者等一段时间，他们也无所谓。也就是说，有两种消费者，一种是价值高的，让他们等待，价值的折损率高；一种是价值低的，让他们等待，价值的折损率低。

相对于固定价格策略，企业采取动态定价策略的好处是，能抓住价值高的消费者。坏处是什么呢？企业降低产品价格，吸引价值低的消费者购买，那么，相对于固定价格，首先，企业要把产品的定价降低，产品利润空间小，企业也就赚得少；其次，即便是价值低的消费者，他的等待也不是没有成本的，比如，他需要经常访问实体店，才知道产品是否降价，访问实体店铺是需要付出代价的。采取动态定价的企业需要降低产品价格，并且降价的幅度还不小，这可能使企业从高价值消费者处获得的收益的增加，无法弥补从低价值消费者处失去的收益。

为何在渐进区间内，企业的最优策略是固定价格策略呢？这是因为，在渐进区间，供需比例保持不变，随着规模扩大，且需求分布的变异系数相对小，企业在高价值的消费者不愿意等，与低价值的消费者愿意等之间的权衡，此时逐渐倾向于高价值的消费者，从而选择固定价格。而在非渐进区间内，企业的最优策略是动态定价。这是因为，在非渐进区间内，供需比例保持不变，随着需求规模缩小，且需求分布的变异系数相对大，企业采取动态调价方式，甚至让价格呈现为一个随机过程，此时企业逐渐倾向于低价值的消费者，从而选择动态定价。

动态调价令乘客心生不公平感

多数乘客认为其有权获得合适的价格，航空公司也有权获得合适的收益。如果成本上升，航空公司通过提高价格来保持利润水平是公平的；如果单纯为了获利提价是不公平的。那么，航空公司如何在不激怒乘客的情况下提高票价呢？

一是提高乘客的参考价格，这就意味着提高全价票的价格，然后给乘客派发优惠券。如果乘客获得折扣，会觉得自己很幸运。

二是将服务和机票打包在一起销售，模糊机票的价格。当机票总价包括机票、行李托运、机舱中的餐食等时，乘客知道总价，而不是单个组件的成本。

三是对折扣票增加限制，使全价票显得更加公平。限制可能包括需要提前很长一段时间预订、有更改或取消时罚款、预订不可退款等。

依据不同类型乘客到达的顺序，航空公司需要在不激起乘客不公平感的前提下，采取动态调价、"最后一分钟"超低价售卖机票和有限售卖低价机票等做法，最大化收入。

以航空公司为代表的收益管理例子，在现实生活中很多，如医生预约、在线广告位等。商家主要权衡的是即时收益以及未来收益机会，商家要做的是将产品以不同的价格，分配给不同支付意愿的消费者，以最大化期望收益。

6.2 柔性化管理机票供应量

倪明明:"为一位到访教授购买南京飞深圳的机票,教授希望购买某航空公司的机票。"

赢豫:"为何指定航空公司?可能是因为不同航空公司的运营管理水平有差异,根据历史数据,能够观察到不同航空公司的航班准点率,从而选择准点率高的航空公司。"

倪明明:"查询机票信息后,发现同一个时间点,有多家航空公司售卖机票。"

赢豫:"多家航空公司售卖的机票,可能是由其中一家航空公司承运的。这种机票售卖方式被称为代码共享:一家航空公司的航班号,即代码,可用在另一家航空公司的航班上。对航空公司而言,可在不投入成本的情况下,越过一些航空市场的壁垒,完善航线网络、扩大市场份额;对乘客而言,可享受众多的航班和时刻选择,一体化转机服务等。"

倪明明:"若某一航班是代码共享的,查询其航班准点率的历史数据,要看代码共享航班承运者的历史信息。"

为何购买不同航班代码的乘客会乘坐同一个航班呢？

为何机票上的航班起飞时间要待定呢？

为何购买机票的乘客有时被拒登机呢？

即便实力再雄厚的航空公司，机票也不是说买就买的。

不同航空公司共享代码的动机是，尽量发挥航班座位的价值。

代码共享售卖座位[1]

为保障代码共享机制下多家航空公司实现共赢，需设计相应的利益分配机制。

以倪明明购买南京到深圳的机票为例，选择购买深圳航空公司16：40 从南京起飞的 ZH9848 航班，单张机票价格为 890 元；该航班是深圳航空公司承运，深圳航空公司与中国国际航空公司代码共享的航班，若通过中国国际航空公司购买 16：40 从南京起飞的 CA3696 航班，单张机票价格为 910 元。CA3696 航班票价相对较高的原因之一是，中国国际航空公司要从机票售卖中分得一杯羹。

既然实际乘坐的航班都是深圳航空公司的，而共享航班更贵，乘客为何选择从中国国际航空公司而非深圳航空公司购买机票呢？部分原因是，选择从中国国际航空公司购买机票的乘客，是作为中国国际航空公司的会员购票，能享受到乘机过程中的额外服务、里程积分奖励等。

航空公司应对需求不确定性风险的方式，除了代码共享，还有柔

1　关于资源集中化管理的更多讨论见 "3.4 集中化备货对冲需求风险"。

性化售卖座位及超售经济舱座位的手段。

以航空公司为对象的资源集中化管理也可被应用到 3D 打印的产能管理、医生的时间管理、在线广告的资源管理等领域。以 3D 打印为例，3D 打印机的产能有限，不同的 3D 打印产品电子文件，能够在同一台 3D 打印机上完成生产，即在产能上实现了资源集中化。

售卖概率型机票[1]

2007 年，中国国际航空、上海航空、中国南方航空、海南航空和中国东方航空 5 家航空公司共同运行京沪空中快线。以京沪空中快线为代表的产品包含至少两个服务于同一出发地和目的地、相互替代的机票，乘客购头这类机票后，可能被航空公司分配至其中一个航班上，这类机票被称为柔性化机票。购买这种机票的旅客将被安排在其中一个航班，至于该乘客将被安排到哪一个航班，航空公司可依据机票销售情况，在出发前某一时间段内通知乘客（Gallego 和 Phillips，2004）。

代码共享机票与概率型机票区别何在？购买代码共享机票的乘客，明确地知晓航班的起飞时间，而购买概率型机票的乘客，只知道航班起飞的大概时间，不到临近起飞前，不知道航班起飞的准确时间。相应地，对于同一个时段、同一个起点与终点的航班，代码共享机票要比概率型机票贵一些。若乘客对出行时间不敏感，会倾向于选择购买时间不确定的概率型机票；反之，乘客会倾向于购买时间确定的机票。

1　关于企业概率型售卖产品的更多讨论见 "3.6 概率型售卖产品：调整市场份额"。

中国的航空公司售卖概率型机票的动机之一是，应对来自动车等行业在中、短途出行需求供应方面的竞争。动车速度较快、网络覆盖面积大、晚点少、运行平稳，且动车票价在一段时间内是固定的，乘客很容易知晓。对比而言，航空公司的飞行网络不如铁路网络覆盖面广，受天气因素影响易晚点，且机票价格波动大，还会对不同支付意愿乘客收取不同票价，引发乘客不满。

面对这两种出行选择，对有中、短途出行需求的乘客而言，需权衡出行的时间成本和经济成本。较看重出行时间成本的乘客选择飞机，而较看重出行经济成本的乘客选择火车。为与以动车为代表的火车出行服务竞争，航空公司集中化管理某一个时段内，不同时点起飞的航班座位信息，借助概率型机票售卖策略，以较低价格吸引那些选择乘坐动车的部分乘客。

概率型机票的售卖能缓解因需求不确定性而发生的成本；除此之外，航空公司还利用超售经济舱座位的策略，应对需求不确定性。

超售经济舱座位

在一趟航班中，难免会有些乘客因生病、交通拥堵、睡过了头等原因，无法正点赶上航班而误机。为应对乘客误机导致座位虚耗，航空公司售卖出的经济舱座位会多于实际拥有的，即为超售。

比如，一架从南京飞到北京的波音737客机，有147个经济舱座位和12个商务舱座位。航空公司对这147个经济舱座位可能会卖出160张机票；而对12个商务舱座位，一般不会超售。毕竟，商务舱乘客支付了远高于经济舱座位的票价，若因超售而无法登机，航空公司要提供的补偿远超其承受范围，不划算。

● 座位升舱应对超售

当航空公司超售了经济舱的座位，到达机场的乘客数多于经济舱的座位数时，若商务舱还有剩余座位，航空公司可选择一些优质经济舱乘客，为其提供升舱至商务舱的服务；若商务舱没有剩余座位，航空公司就不得不请一些经济舱乘客放弃登机，改签其他航班，并给予他们一定的补偿。因此，实施超售策略的航空公司需权衡，超售机票所带来的收益，与补偿被迫放弃乘客所带来的损失，或将乘客升舱至商务舱或其他高等级舱位所带来的成本。

航空公司向乘客提议将舱位升到其他高等级舱位上，并非总是因为超售，有可能是为了增加销售单位舱位的边际利润。2018 年 12 月中旬，宋培林博士搭乘美国航空公司的班机，从密西西比州，经北卡罗来纳州，到马里兰。在换登机牌时，航空公司告知他，加 40 美元，就可以把靠窗的座位换成靠走道的，他没有加钱换座位；当他登机进入机舱后，发现靠走道的一些座位并没有被卖出去。

为何靠走道的座位比靠窗的贵呢？或许是因为，第一，在美国境内搭乘航班的乘客，往往身形较大，所以他们一般喜欢靠走道的座位；第二，靠走道的座位为乘客随时起身、去洗手间等提供了便利。

言归正传，对购买经济舱的乘客而言，若能获得升舱的机会，在漫漫旅途中，坐在一张较为宽阔的椅子上，能缓解旅途劳累。但是，即便乘客由经济舱升舱至商务舱，其餐食却不会被"升舱"？这或许是因为，飞机上的餐食配送面临着较高的不确定性需求，直到关闭机舱门，航空公司方知准确的登机人数，而批量制作与配送航空餐食需至少提前 2 个小时左右,故而无法满足被升舱乘客的餐食"升舱"需求。

● 从升舱到改签

若被航空公司要求改签其他航班，多数乘客想必更愿意按时出行，而不愿意在机场滞留过久。那么，当航空公司没有足够的座位提供给乘客，乘客又不情愿改签其他航班时，如何解决这个两难的问题呢？

　　航空公司可补偿被改签机票的乘客。补偿不能太低，不然没有乘客愿意延迟获得服务；补偿不能"不真诚"，比如，补偿的不是现金，而是可用来购买机票或支付房费的票券，甚至使用时可能还有额外限制等；补偿也不能太高，否则航空公司吃不消。

　　为避免向被迫改签机票的乘客支付高额补偿，又让乘客满意，航空公司希望找出愿意主动改签机票的乘客，给予这些乘客他们所要求的补偿。美国达美航空公司实施拍卖收回机票的方式，当乘客在线值机时，值机系统会弹出窗口提示：如果出现航班超订的情况，是否愿意为了一笔特定金额的优惠券，而乘坐另一趟航班；如果愿意，愿意获得的补偿金额是多少？乘客对因可能被改签而发生的补偿金额进行报价。这种竞价机制使航空公司能够在到登机口的乘客数目多于机舱容量时，挑选出报价低的乘客，从而召回那些超售机票。

　　若不采用拍卖方式收回机票，航空公司还可利用客户系统的记录，了解每个乘客的历史购票信息、登机信息等，将乘客划分为不同的优先级；根据乘客的优先级，请优先级低的乘客下机。然而，客户系统里记录的信息并非总是准确的。

　　再回到倪明明选购机票的决策情景。对以倪明明为代表的购票者而言，除了关注机票价格，还关注航班的准点率、旅行服务等；对航空公司而言，实施以共享代码、概率型机票、超售机票等为代表的收益管理方式，有助于航空公司满足不同类型乘客的需求。

6.3　共享单车的空间布局[1]

　　李皓语:"共享单车为出行带来很多便利,不管是去市中心还是去超市,都可骑单车,不用走路去了。"

　　蔡瑾玲:"虽然方便便宜,但是南京大学鼓楼校区外面的步行道本就狭窄,又被共享单车挤占了一部分空间,几乎令行人寸步难行。"

　　李皓语:"共享单车看似很多,却不是每辆单车都是能够骑行的。"

　　蔡瑾玲:"赶时间的时候,如果遇到一辆共享单车,扫码后却发现有问题,需要还车,再扫码,不仅浪费金钱也浪费时间。"

1　受黎擎教授邀约,本文初稿于 2018 年 3 月发表在微信公共号 TalkEcon(中文:经济学漫谈)上。

提高消费者的骑行体验，与降低维护成本，共享单车企业如何兼得？

提供红包车的企业只是吸引消费者、占有市场吗？

挤占公共空间的共享单车还能走多远？

相对于有桩公共自行车，共享单车借助定位及互联网支付等技术，风靡一时。广场上、校园里、地铁站旁、马路边，随处可遇各式亮丽的共享单车，时常可见骑手一气呵成的扫码、开锁动作，只听"滴一滴"两声，一辆辆共享单车，或一骑绝尘，或宛如蛟龙，一会儿踪影全无。

然而，蔡瑾玲与李皓语使用共享单车时面临的问题，也需要共享单车企业正视。

共享单车不同于个人单车

共享单车企业需要经久耐用并且体验良好的单车，从而会在单车上进行改良和设计。

骑行舒适感与制造成本的权衡。共享单车的轮胎若是空心胎则容易损坏，若是实心胎就会增加车的重量，很难骑行，为解决这个问题，共享单车企业选择利用软的内胎和硬的内胎一次成型，达到既耐用又轻便的效果。另外，一般单车的车座外面为 PU 皮，内部为海绵，如果共享单车也采取这种设计，若是外层的材料有破损，那么在雨天海绵会吸收雨水，天晴后骑车的人不注意会沾湿衣物，体验感和舒适度会降低。现在有的共享单车企业选择半导体材料解决这个问题，以增强骑行的舒适感。

显然，经久耐用且骑行舒适的单车的制造成本不会太低，制造成本过低的单车可经不住各种不文明骑行行为的考验；若共享单车平台上存在大量损坏的单车，维护又跟不上，令消费者的骑行体验不佳，很容易丢掉市场份额。

一味去埋怨消费者的素质低下是解决不了问题的。商业模式能否运行成功，不仅要考虑特定文化下培养出来的用户素质，还要思考如何通过模式设计来诱导良性的消费行为。

对单车企业而言，提高消费者的骑行体验与降低维护成本，如何兼得？

一是，让消费者主动为企业服务。企业能够像管理员工一样，正确地管理自己的消费者群体。像"小黄车"这样的共享单车公司，希望消费者用车能够遵守承诺等。但是行动的执行依赖用户的自觉性，如果用户没能做到，又该怎么办呢？最初的应对方法很简单——罚款，然而效果却不尽如人意。因为罚款的存在，用户觉得自己已经为破坏承诺付出代价了，不良行为反而愈加猖獗。小黄车采取了"生态化"的方法，比如用户社区活动、创始人形象塑造等，在冰冷的提供服务与接收服务之间，增加了人与人之间的联系，增加用户对企业的亲近感。

二是，各家共享单车企业在单车维修环节合作，降低单车的维护成本。2018 年 12 月中旬，笔者曾与肖条军、赵英师教授餐叙，提及 ofo 小黄车的破产案，我们讨论到，从监管部门视角，可采用演化博弈研究方式，估计企业的资金投入量，和演化后的客户群体、不同企业占比相对稳定的均衡状态，从而给出一些预防性的监管措施的建议，也帮助企业对自身的管理决策进行预判。然而，市场中并未出现相关预防性的监管措施。有哪家企业做过长期的预判吗？笔者不清楚。从共享单车企业运营的视角，各家共享单车企业没有在单车维修环节合作，维护成本高，影响对单车的维护度，使骑行者的单车使用体验较差，从而使共享单车企业的盈利能力变差。

共享单车的供需匹配

每个共享单车企业都希望，设计好单车投放点和数量后，单车的布局处于供应和需求的动态平衡之中，就可在"不管不顾"的状态下获取利润。

共享单车是无桩公共自行车，比原有政府建立的有桩公共自行车更灵活，但是其供需平衡更难达到。共享单车布局规划是个很困难的问题，网约车平台了解具体的车辆、司机的位置，只需要考虑乘客的位置以及目的地，而共享单车的问题则要复杂得多。

一是，虽然能够知道车辆的位置，却难以管控，或管控的成本较高。经常可见在某个时段某个地方的单车会扎堆停放，挤占过道，久而久之，影响了当地交通秩序。2017 年清明节期间，深圳湾公园有超万辆的共享单车"挤入"[1]，公园成了停车场，单车多得令人无处下脚，游客和行人几乎是寸步难行。

二是，共享单车供需的"潮汐"现象显著。早上，上班族赶时间，把单车骑行到地铁站，地铁站就堆满了共享单车；晚上，上班族回家，又把单车骑行到小区附近，小区附近就堆满了共享单车。

● 红包车调整单车布局

匹配供应和需求的方式有哪些呢？只需稍稍留意一下，也许你就能看到共享单车工作人员忙碌的身影，他们将单车从密集的区域转移到稀少的区域，解决"分配不均"问题，但这种方式给企业带来了较高的运营成本。

---

1 《深圳湾公园共享单车临时禁令彰显管理智慧》，http://opinion.southcn.com/o/2017-04/05/content_168307037.htm〔2018-02-24〕。

共享单车使用一个小时所获得的收益是 1 元钱，而人工将车辆搬运到其他地方的成本却远远高于收益，那么面临单车布局供需不平衡所带来的挑战，共享单车企业采取峰时定价策略——红包车，巧妙地让消费者将单车移到数量较少的区域。

红包车的随机奖赏规则是，消费者只要骑行十分钟以上，就能随机获得红包；并且，最终停车区域的人流量越大，比如商场、地铁站之类，消费者所获得的红包奖赏金额就越大。消费者如果骑行的是红包车，不仅不需要为所骑行单车付费，还可获得额外的随机红包奖赏。

红包车常常出现在车辆比较集中但偏僻的区域，相对于专门雇人转移单车，这种方式让一些消费者主动来骑，从而将车辆转移到需求大的地方。红包车巧妙地解决了单车供需不平衡问题，它既不强迫消费者去转移车辆，也不需企业付出大量的人力、物力去搬运车辆，而是采用小额红包，轻推一把，让消费者改变用车习惯。那些对价格敏感的消费者会心甘情愿地选择红包车以节约骑行开支，企业也以非常低的代价缓解了单车"分布不均"难题。

● 红包的激励力度在一定范围内

红包车策略能彻底解决共享单车分布不平衡的问题吗？短期来看，红包车可能会催生一些消费者为了红包特意去充当"搬运工"；对于共享单车企业而言，只需考虑设置红包车所产生的成本，是否真的比雇用工作人员搬运车辆的成本低？长期来看，该策略在人口聚集区可能比较有效，但是在人口较少的地方，由于需要用车的消费者数量不多，除非消费者在此地附近也有需求，顺便为了获取红包而寻找红包车，否则如果消费者仅仅为了红包而去骑行红包车，那么红包可能还不能强大到可解决单车分布不均匀的问题。

从长期来看，共享单车的规划布局还是需要数据分析的支持，如

ofo 开发了"奇点"系统，能够动态分析、预测各个区域的共享单车数量和需求，为布局规划提供建议。根据经验，下雨天骑车的人会减少，应当减少投放量；而该系统曾建议雨天在地铁口多投放车辆，事实证明算法的建议是正确的。因为人们会在下雨前赶着回家，所以下雨天地铁口的用车需求会增加。

共享单车挤占公共空间

共享单车在方便消费者出行的同时，也引发一些负面影响：抢停放公共空间，抢行使道路。

由于共享单车企业初期抢占市场时缺乏规划，竞争性地过度投放单车，导致单车无处安放，形成"坟场"[1]。位于南京市中心的南京师范大学明确规定，不准共享单车进入校园，以免引发过高人流、车流量，影响正常教学、科研活动。2018 年 1 月 4 日，南京市政府出台了共享单车新政，宣布从 5 日起，联合开展治理整顿共享单车行动，清拖无牌互联网租赁自行车及乱停放车辆[2]。这或意味着在共享单车所处行业，资本进入过多，有可能伤害到社会福利[3]。

马路边的共享单车并非越多越好。许多共享单车企业进入市场，从争夺市场份额的角度考虑，投放的单车数量会逐渐增加，以使消费者的骑行需求更容易得到满足；消费者更加愿意选择这家企业的

---

1 《共享单车"坟场"可见吴国勇拍摄的"无处安放"系列照片》，https://photo.sina.cn/album_1_63957_304364.htm?vt=4&pos=108&wm=3233_0008［2018-10-26］。

2 《南京出台共享单车新政：车辆需上牌买保险》，http://tech.sina.com.cn/roll/2018-01-05/doc-ifyqiwuw6521633.shtml［2018-01-11］。

3 关于政府影响企业运营管理的更多讨论见"6.5 网约车系统丛林生态"。

单车出行服务，又会进一步激励共享单车企业增加单车投放量。然而，消费者和企业间的交互行为，可能引发共享单车的过度供应。笔者走在南京大学的周边，放眼望去，各种颜色的共享单车拥挤在人行道边，造成行人道路拥堵；还发现，一些破旧单车没有被及时回收和处理，甚至一些车身上还会有各色狗皮膏药般的小广告，影响市容。

共享单车以其随借随还的便捷服务方式，为出行者提供了骑行便利。为保持共享单车商业模式的可持续发展，竞争型共享单车企业可考虑在单车维护环节合作，采取包括"红包车"在内的经济手段去平衡供需，以及有节制地使用公共空间。

6.4 共享单车模式的盈利点 [1]

小联:"共享单车没有进入南京时,南京市政提供的有桩公共自行车运行系统良好。"

赢豫:"随取随还、停放自由的共享单车进入市场后,立刻成为出行者的首选。"

小联:"共享单车在资本大潮裹挟下'攻城略地',受此影响,政府在公共自行车方面的投入下降,服务没有以前好。"

赢豫:"原先政府主导投入公共自行车,投入产出效率更高,运作模式也规范;共享单车出现后,一片乱象,到处是被废弃无人管的单车,很浪费,投入产出效率低。"

1　受黎擎教授邀约,本文初稿于 2018 年 3 月发表在微信公众号经济学漫谈上。关于共享单车运营模式的更多讨论见"6.3 共享单车的空间布局"。

为何有源源不断的资金涌入共享单车市场？

为何共享单车出不了"海"？

共享单车靠什么盈利？

为何共享单车在中国很流行？因为很多地方的地铁与公交车网络系统无法完美地满足出行者"最后一公里"出行需求；在"最后一公里"出行方面极具优势的单车，正好弥补地铁与公交车网络系统的不足。

出行者"最后一公里"的难题并非中国独有。笔者与陈祎伟教授交流城市中出行者的"最后一公里"解决方案。陈祎伟教授以居住与工作过的新加坡为例，介绍了新加坡政府的解决方案。新加坡政府计划在离社区远的地铁站准备一些公交车，这些公交车围绕着不同的规划路线绕圈服务，政府希望未来公交车是无人驾驶的，该服务还没开始实行，目前只是新加坡政府的一个想法。那么，政府应如何定价此服务呢？服务的人群是哪些？在新加坡，老年人和学生乘车会打折，在打折情况下，这种服务是不是要优先考虑老年人和学生呢？这些问题如何解决都是未知的。

新加坡政府希望研究在考虑公平性的同时如何解决"最后一公里"问题，如何让自己盈利，或者说如何让社会福利最大化。为此，新加坡政府将几百万人一周乘坐地铁的数据公开给学术界，用于相关研究。据此数据，陈祎伟教授与其合作者完成了相关研究工作（Chen 和 Wang，2018）。

再回到中国的情景中，虽然在共享单车出现之前，由政府主导的公共自行车曾试图弥补上述不足，但公共自行车的"借、还"必须依赖特定的还车点和固定的车桩，消费者出行的灵活性和便利度受到了限制；而无桩的共享单车能灵活地满足消费者的出行需求，被广泛地接受。

如此说来，共享单车为需要即时使用单车的人们提供出行服务，解决了人们购车维护成本高、难停车、易丢失等问题，使其在短期内风靡全国，成为人们短距离出行的重要方式。共享单车给人们节省了出行开支，部分缓解了日益严重的城市交通拥堵，提升了城市绿色出行水平，带来良好社会效益。不过，共享单车企业看上去真的这么"美"吗？

国内市场竞争过度

欲使其灭亡，必先使其疯狂。

中国有 77 家共享单车企业，较常见的有 ofo、摩拜、Bluegogo、hellobike、优拜单车、永安行。其中，已经有 20 多家因经营不善而退出市场 [1]。

市场中为何会出现过多的共享单车呢？可能有如下两个原因。

一是，共享单车投资者错失投资机会的成本高。这里通过信号检测理论来进行解释。我们假设投资者会借助其观察到的利好报道来判断一个行业是否有发展前景。将观察到的利好报道的数量作为感受到的刺激强度。通常情况下，如果报道数量少，那么行业前景一般的可能性高，更可能是噪声场景；如果报道数量多，更有可能产生有效的信号来说明行业前景较好。据此，投资者建立起判断标准——利好报道的数量达到一定量，可作为区分市场前景一般（噪声）和市场前景好（信号）的基准。若利好报道数量低于该值，视为噪声场

---

1 《交通部：中国 77 家共享单车企业倒闭 20 多家》，搜狐网，http://www.sohu.com/a/221928970_485557［2018-02-24］。

权衡的艺术——运营管理中的供需匹配策略

第六章 供需匹配管理——从收益管理到平台运营

景——市场前景一般；若利好报道数量高于该值，视为信号出现——市场前景好。

判断标准影响决策偏差。如果错失投资机会的成本高，投资者希望尽可能地避免漏判，这类似于火警报警器、疾病诊断等场合，那么投资者会设置较为宽松自由的判断标准，即使利好报道数量不多，也会做出投资决策。如果投资失误成本较高，投资者希望尽可能地避免错误的投资行为，这类似于司法定罪，要求有充足的事实证据，否则疑罪从无，那么投资者会设置较为保守的判断标准，即使利好报道数量较多，也不会做出投资决策。

共享单车盛行一时，投资者纷纷涌入市场，最终却铩羽而归。可能的原因是投资者认为错失投资机会的成本高，在利好报道并不多的时候就贸然进入市场，这是判断标准设置宽松导致的反应偏差；也可能是因为媒体的大肆渲染，让投资者误把大量的噪音报道当作利好信号，做出错误的投资决策，这是对噪音与信号辨别力低导致的误判。

阅读至此，唐讴教授叹息道：共享单车的理念很好，但是资本的过度涌入，以及玩弄资本的生意模式，反而导致共享单车市场自己被玩弄了。

二是，共享单车企业过度自信于自身的竞争能力。一个市场容量有限时，只有当进入者较少时，企业进入市场才有利可图。但是，在竞争型领域中，常出现过多企业涌入，因为每个企业都倾向于高估自身的竞争力，导致企业的利润为负（Camerer 和 Lovallo，1999）。

共享单车经历了快速的发展，但政府并没有通过宏观调控过多干涉，过多的资金进入市场。一些共享单车企业发展遇困，如小黄车已经支付不起二维码的通信费，这也是资本盲目进入的代价。或许，当地政府应面向共享单车企业拍卖一年的排他经营执照，只允许运营效率高的资本进入市场，从而缓解过度竞争。

出"海"受挫

共享单车企业在出"海"过程中，面临着如何尊重和理解他国法律法规和文化的挑战。

"轻轻地我走了，正如我轻轻地来"。2016 年底，摩拜、ofo、Bluegogo 相继出"海"，在经历了半年左右的"国际化拓展"后，无一家共享单车企业在海外合规登陆。Bluegogo 因无照经营被旧金山政府勒令退出，ofo 在斯坦福大学短暂停留后便被校方要求撤离[1]。

共享单车出"海"所面临的主要问题是，当地政府对无桩共享单车要求：质量过关、有安全测试、合理的投放区域、良好的运营管理以及迅速的车辆维护；车辆投放在参考实际市场需求的同时，也要适当考虑对低收入社区居民的照顾。

为何要考虑对低收入社区的照顾？笔者曾与陈祎伟教授谈及类似问题，他认为，人和物品有本质的区别，相对于高收入社区居民，共享单车对低收入社区居民的价值更大，企业不能因为低收入社区居民支付意愿较低，就不给低收入社区提供相应的单车服务，而货物配送则不涉及此类问题。因此，在有关人的决策中，需考虑公平性。

广告费收入

共享单车本质是一种公共交通手段，很容易获得出行者的相关数据，譬如，使用摩拜单车的男性消费者居多；摩拜单车和 ofo 单车的

---

1 《摩拜 ofo 迟迟没出现美国创业者趁机抢占当地市场》，搜狐网，http://www.sohu.com/a/159873570_713499［2018-02-24］。

消费者以年轻人为主，而永安行单车消费者的年龄偏大；使用单车的消费者多使用华为、三星和小米手机等 [1]。由此进行精准广告推送可能是共享单车未来盈利的方式之一。

共享单车应在哪里推送什么广告呢？第一反应是在单车车身上，简单、醒目。但是，一些地方政府开始限制车身广告。2017 年 9 月，《北京市鼓励规范发展共享自行车的指导意见（试行）》发布，其中规定车辆不得设置商业广告。这或许是因为过于密集的单车所承载的广告信息会影响市容。对于共享单车企业而言，车身广告收入并不是一个长久之计。共享单车企业或可通过用户使用数据分析收集到出行者的相关信息，在 APP 平台上有针对性地投放广告。

根据用户出行的数据分析，共享单车企业还可刻画出用户行为信息。例如，某共享单车企业曾分析某一天北京高校的共享单车使用轨迹，获得高校学生几个人流量较大的地点，这些数据信息可为商铺的选址规划提供参考。

使用费收入

单车的使用费会成为共享单车企业的主要收入之一吗？相对于几百万辆共享单车的投放成本、硬件损耗、管理成本，大量的优惠活动如"1 元月卡""免费骑行券"等给人留下的印象是，单车使用费的收入对共享单车企业而言并不重要。

这或许是因为，在竞争初期，为抢占市场份额，共享单车企业进行价格战，给消费者提供免费骑行单车的服务。当市场份额达到一定

1　《共享单车 2016 用户人群分析报告》，今日报告，http://www.imxdata.com/archives/14286［2018-02-24］。

程度后,共享单车的使用费或许就不会如此之低了。2018 年 3 月 1 日,摩拜和 ofo 之间的价格战悄然终止,ofo 已关闭"1 元月卡"购买通道,摩拜单车在北京的骑行月卡折扣也已停止,两家均恢复包月 20 元、包年 240 元的价格[1]。

颇令人奇怪的是,相对于包月的价格,包年价格没有体现出价格优势,不足以吸引消费者选择包年服务。其实,包年价格低一些,譬如定为 200 元,一方面,有利于吸引价格敏感的消费者购买,进一步扩大市场份额;另一方面,由于购买包年服务的消费者未必如其所预计会频繁地骑行单车,因此,共享单车企业的运营成本也不会增加。这是因为,消费者过高地估计了自己使用单车出行、娱乐休闲的需求,而购买包年服务。过高估计自身需求的现象,在生活中很常见,譬如消费者过高地估计了自己进入健身房的意志力,付了健身俱乐部的会员费,结果却不去使用或很少使用健身房的服务(DellaVigna 和 Malmendier,2006)

押金收入

共享单车靠什么盈利呢?或许是靠押金盈利。共享单车企业向每个新注册用户收取一份押金,但每个用户并未获得任何一辆单车的专有使用权,即每辆单车能锁定多个消费者。2016 年 4 月,摩拜单车投放了超过 700 万辆单车,每一辆单车锁定多个用户,这些单车所带来的押金无疑是一笔巨大的现金流。

这是一把"双刃剑"。共享单车企业可利用押金进行投资盈利,

---

1 《ofo、摩拜取消月卡优惠 共享单车"免费"时代结束》,http://industry.caijing.com.cn/20180301/4411104.shtml[2018-03-01]。

同时也面临押金遭挤兑而破产的风险。2017年酷骑单车因市场传言利用押金进行贷款投资，令消费者担心企业可能面临经营不善的困境，所以引发了押金的挤兑潮，导致酷骑单车濒临倒闭。

虽然仍旧有一些共享单车企业利用用户押金进行投资盈利，但是也有一些共享单车企业通过与第三方电子支付平台合作进行免押金骑行。这类合作对双方都有好处：对于共享单车企业来说，不仅可借助第三方电子支付平台扩张其骑行市场份额，而且可基于第三方电子支付平台的用户数据，以较低的成本筛选出符合免押金条件的优质消费者；对于第三方电子支付平台来说，不仅可借助共享单车平台丰富其应用场景，增强消费者黏性，还能依据消费者的出行路径和习惯进行精准市场营销。此外，2018年5月摩拜宣布全国范围免押金骑行 [1]，因此，在免押金的风潮下，共享单车企业若还寄希望于借助押金获利，充满挑战。

具有公共服务属性的共享单车业务，一方面，在国内经历着快速的发展，政府并没有过多地干涉，过多的资金进入市场，引发过度竞争；另一方面，因不符合海外当地政府的法律规范，而出"海"受挫。这或许能令共享单车企业反思，可持续的盈利模式何在？是通过广告费、使用费，还是押金费来获得收入呢？

截止到2018年底，共享单车市场的热度已经开始退却，无法承受损失的共享单车企业已经开始退出市场，仍旧留在市场中的共享单车企业如何应对上述挑战，我们拭目以待。

---

1 《摩拜宣布全国范围免押金 老用户可即刻申请退款》，http://tech.sina.com.cn/roll/2018–07–06/doc-ihexfcvk2849413.shtml［2018–07–31］。

6.5 网约车系统丛林生态

郑旖旎:"暑假在干什么呢?"

刘洋:"我在学车。"

郑旖旎:"学车目的是什么?"

刘洋:"万一找不到称心的工作,还可以开个车,跑个腿。"

郑旖旎:"有了网约车平台,跑腿机会也没有了。"

刘洋:"要好好学习,否则会失业。"

郑旖旎:"同感,将来想做网约车平台的司机也没有机会了,因为人工智能技术让无人驾驶汽车成为可能。"

网约车为何能迅速占领出行市场？

网约车如何应对内外竞争？

网约车如何影响出行者的出行安全？

无人驾驶技术面临何种决策困境？

何为网约车平台？利用网约车平台，出行者可在线预约出租车、私家车、顺风车、拼车等出行服务，网约车平台将乘客需求和司机需求转化为快捷高品质的出行服务。网约车平台让人们不再为了使用一辆汽车而先拥有之。譬如，联结出行者与司机的滴滴出行、美团打车、优步等，让出行者利用叫车而非买车方式满足出行需求。

网约车平台的运营模式是，前台的 APP 端实现信息发送、收集、交易流程引导展示，如帮助乘客提前知悉各种车型、路线的费用等；后台提供实时智能算法，用于匹配、路径规划、计价、运力调度、服务评估判责、异常检测等；还有相关人员负责司机和乘客的增长率、定价、体验服务等。

2012 年，中国约有 100 家提供打车服务的初创企业。这一年，滴滴出行以出租车叫车软件的身份进入市场；2014 年，优步进入中国，国情有别，滴滴出行从提供出租车预约服务开始，而美国的优步是从提供私家车预约服务开始。2016 年，滴滴出行与优步中国合并。到 2030 年，移动出行服务，如出行共享和汽车共享，预计将占全球客车总里程的 15% ~ 20%[1]。

---

1 《两分钟看懂麦肯锡大数据分析报告》，http://www.cbdio.com/BigData/2017-01/25/content_5439019.htm［2018-04-06］。

与重资产出行服务提供商竞争

● 与传统出租车行业竞争

在没有网约车平台的时代，传统出租车司机很少从出行者角度着想。出行服务信息不对称导致政府管制，政府管制导致出租车司机缴纳份子钱[1]，份子钱导致传统出租车司机间恶意竞争，降低了出行服务质量，一环扣一环。出行者若是遇到一个不好的出租车司机，只能自认倒霉。

对于传统出租车司机而言，虽然他们知道服务质量有改善空间，但不知道有效的做法，或者没有动力去做，这是他们知道自己不知道的事情；他们不知道自己不知道的事情是，网约车平台打造的出行服务 APP，让整个出租车行业面临发展挑战。网约车的竞争优势体现在如下三个方面。

一是，网约车服务的性价比较高。网约车给出行者提供了在线预约、价低[2]、质高的出行服务，而出租车却固守随招随停、几乎没有乘车附加服务的运营模式；网约车不仅拓展了新的出行市场，也侵蚀了原本属于出租车的出行市场份额。

若利用参考价格效应能增加网约车对乘客的吸引力，那么网约车

1　2016年3月，《住房城乡建设部公安部关于废止〈城市出租汽车管理办法〉的决定》发布。交通运输部公路科学研究院发展研究中心研究员虞明远解读道："有偿转让是如果要获得出租车的经营权，以前有的地方政府是要收取一定的费用。为减轻负担，我们希望各地在获得新的出租车经营牌照时，不要收取牌照费，希望是无偿的。有偿出让和份子钱是两个概念，份子钱是一种管理方式。"改编自《出租车份子钱并未取消》http://new.qq.com/cmsn/20160322/20160322004982［2018-03-26］。

2　相对于网约车的低价，出租车行业向出行者收取的费率在提升，而向政府监管部门缴纳的份子钱在降低。相对于网约车平台所提供的在线预约服务，出租车行业提供的服务类似于随招随停，服务价格会比前者高，预期未来出租车打车价格会持续上涨。譬如，在南京，出租车行业采取了全天候全程双计费模式，实行涨价。

平台是否总会这么做呢？未必。譬如，网约车平台能否向出行者提供出租车、快车、专车价格的直观对比，即将不同价格放到同一个页面上呢？虽然这在技术上是可实现的，但是，为避免其他车型服务如快车、专车等与出租车的价格直接对比，造成出租车群体的不愉快，网约车平台不会提供不同类型出行服务的比价信息。

二是，网约车平台充分发挥出行服务的供应价值。网约车平台利用人工智能等算法，一方面提高车辆利用率，增加专职司机的收入；另一方面促进出行服务领域的零工经济，增加兼职司机的就业机会和收入。

何为零工经济？零工经济是一种"可选择的工作安排"，除了在滴滴出行、优步等随叫随到出行服务中应用，还在一些方案解决提供平台上实施，如 InnoCentive、Topcoder、猪八戒网等。

对网约车平台而言，以不拥有重资产的低成本方式，为乘客提供出行解决方案；对出行服务提供者——司机而言，网约车平台提供了一个打零工的机会，让其更易得到赚钱的机会，摆脱失业、倦怠以及对自己工作的厌倦，实现自由、灵活的工作，并获得收益。不过，零工经济的坏处是，司机的收入不稳定，几乎没有五险一金，无法勾勒出职业发展前景，缺乏人际联系——司机由算法管理，与上司和同事建立紧密关系变难，而这类人际关系或可帮助司机争取到更好的工作条件。

三是，网约车司机提供的个性化出行服务。网约车司机开自己的车，服务质量与自己的切身利益相关，有强烈的动机提供高品质的出行服务。笔者曾认为，多数出行者已经习惯了面无表情地乘坐汽车，只要能低成本、高效率地到达目的地就好。然而，在疲惫的旅行途中，若能下了飞机、火车，坐上一辆网约车，喝上一瓶水，高效率地达到目的地，即便多付一些成本，还是有出行者愿意为之埋单[1]。

● 汽车制造商参与出行服务

一些汽车生产商将业务重点从提供汽车转向提供出行服务。

汽车生产商戴姆勒本来持有 Car2Go 汽车共享服务商 75% 的股份，2018 年 3 月，支付 7000 万欧元从 Europcar 租车公司收购了汽车共享公司 Car2Go 剩余的 25% 股份。除了 Car2Go 之外，戴姆勒还涉足其他类型的共享汽车模式，包括收购 P2P 拼车创业公司 Flinc，及投资拼车和班车服务等。

对于戴姆勒这样的汽车生产商而言，提供共享出行服务，会让其汽车销售量减少吗，为何戴姆勒还要投资并促进汽车共享出行发展呢？

一是，借由共享汽车项目，汽车制造商能将消费群体划分开来。投放到共享汽车项目中的车型，是燃油效率更高的车型；而更重视驾驶体验的消费者依然会选择自己购买汽车，因此制造商可提高这类车的驾驶体验，当然也会提高价格，以谋取利润（Bellos，Ferguson 和 Toktay，2017）。

二是，对于汽车消费者而言，曾经，好的出行体验来自驾驶汽车过程中所感受到的强劲引擎；未来，好的出行体验来自便捷的出行服务、强大的后台运算能力。

同类网约车服务者竞争

网约车平台上的竞争不仅表现为来自以出租车为代表的行业外部的

---

1 关于司机决策行为的更多讨论见 "6.6 撮合司机与出行者'在一起'"。

竞争，还有来自以滴滴出行、美团为代表的网约车平台行业内部的竞争。

● 价格战引发市场过度竞争

在市场竞争初期，为抢先占领市场，剑拔弩张的网约车平台间颇有种"尔要战，就战"的架势。2017 年前后，滴滴并购优步中国，随后美团进入此领域。

作为后进者的美团，一是，凭借给出行者和司机的各类优惠，譬如，在北京，美团提供前 5 万名司机注册零抽成，出行者注册可领取新人见面礼，刺激其 APP 活跃用户数量增加。二是，借助美团点评业务所积累的活跃消费者量，分析出行者的可能出行需求，优化司机与出行者匹配算法。

虽然企业实施价格战可在短时间获取市场份额，然而，迫于盈利压力，这种方式无法长久。并且，由于市场需求有限，共享平台间竞争愈演愈烈。

若网约车平台不能提供充足的供给，将无法支撑市场需求，造成用户满意度降低，最终丢失市场份额。

● 垄断引发市场过度集中

若网约车行业出现一家独大的垄断局面，监管部门应该如何应对呢？

垄断带来的负面影响是，企业可能唯利是图，提供的服务缺乏公平性，而出行服务是具有一定公共服务特征的产品。此时，监管部门需限制网约车企业间的竞争。譬如，北京市要求北京网约车司机具备"京人京车"资质；深圳市要求网约车司机在政府相关部门报备个人、车况等信息，并要求司机个人缴纳相关保险，且若司机全职开网约车，车辆的使用年限或缩短。前述措施使市场份额大的网约车企业，更不易获得运营网约车业务的牌照，使其市场扩张的速度放慢。

垄断带来的正面影响是，若一家企业拥有大量的数据，可能能够更有效地利用资源。以滴滴出行为例，滴滴出行在海外投资了一些出行公司，与它们进行战略合作。其中，收购了一家网约车公司，即巴西本土的网约车公司99[1]。截止到2018年12月，网约车公司99依然维持本地化经营，滴滴出行未"整合"99的出行数据。

从全球竞争的视角，若滴滴出行能够与Uber在国际舞台上同台竞技，岂不是一件好事。那么，对于这样的平台，监管部门需多提供便利措施，鼓励这样的平台型企业走向国际，增强竞争力。

因此，大企业的存在，问题不在于规模，而在于由此造成的对社会公平性的侵蚀。商业力量与政府力量相互角逐过程中，如何发挥大企业所带来的好处、规避潜在的坏处，是一个永不落伍的议题。

校读至此，唐讴教授感叹道，决策者本应该对科学、自然心存敬畏，而不是将人的利益凌驾于一切之上。一些商业模式，在技术层面上，企业是可以做到的，但是这些商业模式并未能在很多国家得到飞速发展，多是受其背后相关法律法规的约束。那么，中国的监管部门是应该放开步子，走得快些？还是应该多些思量，完善法律法规？

出行者的安全焦虑

"道路千万条，安全第一条。乘车不安全，亲人两行泪。"对出行者而言，使用网约车出行，在享受便捷服务的同时，更是将自己的生

---

1 《收购巴西本土出行平台99 滴滴加速全球化战略布局》，https://www.iyiou.com/p/63700.html［2018-12-13］。

命安全交于陌生的司机手中，出行者会有出行安全忧虑。以滴滴出行为代表的网约车平台，如何保证出行者的出行安全？

一是，严格审核司机的背景。根据滴滴出行的注册要求，滴滴平台会在驾龄、年龄、车辆等方面对司机提出要求，但是司机相关信息的有效性没有得到保证。这导致网约车司机侵害乘客事件偶有发生[1]。

特别地，网约车平台上的顺风车业务中，乘客与司机的信息不对称，乘客评价司机的信息是公开的，但是司机对乘客的评价内容无从知晓，平台评价系统或成为个别"别有用心"司机的社交网络。由于女性深夜乘坐网约车存在安全隐患，上海市大众出租推出专为女性深夜打车的服务：要求至少连续 3 年以上安全服务、"零违纪"的驾驶员，深夜优先为女性乘客提供服务[2]。

二是，将"行程分享"[3] 和"一键报警"等按钮，放置于软件主页面的显眼位置[4]，便于出行者在紧急状态下求助使用[5]。

---

1 2018 年 5 月 6 日，郑州机场附近 21 岁空姐李某在搭乘滴滴顺风车时，被司机刘某某杀害。参见《空姐打顺风车遇害》，中华网，http://news.china.com/socialgd/10000169/2018 0513/32404871.html［2018-5-15］。
2 《上海出租车玫瑰之盾车队上线 优先服务女性乘客》，新浪网，http://sh.sina.com.cn/news/m/2018-05-19/detail-ihaturfs5150172.shtml［2018-5-26］。
3 乘客在等待接驾和前往目的地的途中，在滴滴出行 APP 主界面的"安全中心"，可找到"分享行程"的按钮。点击该按钮后，乘客可在微信、短信、QQ 三个分享渠道中选择一个，手动把自己的行程信息分享给想要分享的亲友。分享的行程信息包括：乘客订单起/终点、上下车时间、距离目的地距离、预计到达时间、车辆车牌信息以及车辆实时位置。
4 《滴滴正小范围测试短信报警功能》，http://www.xinhuanet.com/tech/2018-11/01/c_1123645946.htm［2018-12-13］。
5 滴滴出行在持续不断地更新其安全功能。截止到 2018 年 12 月 12 日，滴滴出行提供了"紧急联系人""号码保护""行程分享""录音/录像保护""一键报警"等安全保护功能。

以滴滴出行为代表的网约车平台能够严格执行关于出行安全的相关规定吗？2018年夏，笔者的一位朋友就遭遇了随意违约的网约车司机，并且其态度恶劣；当朋友拨打网约车平台的客服电话时，客服人员也只是摆出息事宁人的态度，而不是去认真分析问题、改进服务系统。这么想来，网约车平台上发生安全隐患事故，也就不令人吃惊了。

网约车平台影响酒驾死亡率

● 酒驾的代价

在美国加利福尼亚州，初次酒驾被捕，司机将面临1500～2000美元的罚金、吊销驾照、两日拘留以及社区服务等一系列处罚，并且司机的保险费也会立即上涨50%～400%不等，留下犯罪记录。两次或多次酒驾被捕的，司机将面临比初次酒驾被捕时更高的罚金以及十日至一年的刑期[1]。

在中国，酒驾的代价也不小。轻者被处暂扣六个月机动车驾驶证，重者将被依法追究刑事责任，终身不得重新取得机动车驾驶证。

● 网约车服务降低酒驾死亡率

优步在美国推出了两种服务：优步X和优步Black。优步X主要分布在郊区，收费比普通出租车低20%-30%；优步Black主要分布在中心地区，收费比普通出租车高20%~30%。直觉上，优步X便宜，算算自己开车、乘出租车和优步X的成本以后，醉酒者会想搭个优步

1　《在美国酒驾会接受怎样的处罚？》，搜狐网，http://www.sohu.com/a/207782746_662323［2018-5-15］。

X 回家；优步 Black 虽然贵了点，但响应快，醉酒者还来不及改主意自己开车回家，优步 Black 车就来了。总而言之，优步 X 便宜、实在，优步 Black 贵但快，都可能降低酒驾死亡率。

优步 X 和优步 Black 果真能降低酒驾死亡率吗？采取 2009～2014 年优步 X 和优步 Black 进入加利福尼亚市场后的相关数据，Greenwood 和 Wattal（2017）发现优步 X 进入市场之后，酒驾死亡率明显降低了，而优步 Black 进入市场之后，并没有对酒驾死亡率产生影响。这说明醉酒者在比较了网约车的好处和成本后，还是会忍不住省钱。

无人驾驶时代

当政府和出行者还没有搞清楚如何适应网约车平台服务模式时，无人驾驶汽车又即将来临。

2018 年 9 月，腾讯、百度、滴滴、蔚来汽车等获得了北京市自动驾驶车辆道路测试资格。在美国，优步已开始在小范围内测试无人驾驶网约车服务。

中国和美国的科技公司都在狂热地追逐着无人驾驶汽车的梦想。胜败如何，或取决于核心技术或执行细节方面。若是遇到核心技术层面的障碍，即核心算法的重大改进问题，那么美国就处于有利位置；若障碍存在于应用层面，涉及智能基础设施或与之相适应的政策，那么中国就占上风[1]。

1　Lee K.F，"What China can teach the U.S.about artificial intelligence"，*The New York Times*，http://theadamschronicler.com/what-china-can-teach-the-u-s-about-artificial-intelligence/［2018-09-22］。

无人驾驶技术能缓解交通拥堵状况吗？如果合理优化出租车路线，高效地部署城市地区的出租车，那么城市中的出租车数量将减少一半。然而，自动驾驶的出租车也可能导致"超现实的交通堵塞"，因为将有更多乘客选择自动驾驶车辆提供的优质服务，而放弃公共交通服务（Vazifeh 等，2018）。

无人驾驶技术会遭遇道德困境吗？想象一个正在行驶的无人驾驶车辆，前面的道路上有五位行人横穿马路，并且片刻后就要碾压到他们。幸运的是，算法主导的无人驾驶车辆，可调整行驶路线，让车辆开到另一条道路上。然而问题在于，在另一条道路上有一位行人。这类道德困境被称为电车难题，由 Philippa Foot 于 1967 年提出。

那么，算法应该做出何种选择呢？Awad 等（2018）收集到来自233 个国家和地区的数百万人用 10 种语言做出的 4000 万项决定，分析发现，参与这项实验的人群呈现出三种强烈的偏好：保护人类而不是保护动物、保护更多的生命、保护年轻的生命。在研究者看来，这三个偏好应该为政策制定者着重考虑。

然而，Awad 等（2018）所揭示的公众意见与专业观点之间并非总是保持一致。2017 年，德国自动化和联网驾驶道德委员会提出了一套伦理规则 [1]，指出，在进退两难的情况下，保护人类生命应该优先于保护其他动物生命，这一规则与 Awad 等（2018）中所显示的偏好是一致的。然而，这一规则的第 9 条规定，任何基于个人特征（如年龄）的区别都应被禁止，这显然与 Awad 等（2018）中保护年轻生命的偏好相冲突。

其实，算法如何执行只是反映了人的意图。只要人面临这种道德

---

[1] 《人命优先于动物　德国制定首个无人驾驶道德指南》，https://technews.tw/2017/08/29/german-made-1st-self-driving-guide/［2018-12-13］。

困境，无人驾驶技术就也会面临着类似的困境。只不过，当出现交通事故时，若是人在驾驶汽车，那么人需要面临法律惩罚；若是算法在驾驶汽车，是算法开发商、汽车制造商，还是人需要面临法律惩罚？

　　面临着出租车行业和汽车制造商的左右围堵，网约车凭借着相对竞争优势，在出行市场中分得一杯羹。伴随着网约车商业模式的发展，出行者的安全被提上讨论议程，一方面，网约车为司机和乘客建立起出行关系，可能带来出行安全隐患；另一方面，网约车为饮酒后的司机提供了便捷服务，又提升了出行安全率。展望未来，无人驾驶技术迟早要"飞入寻常百姓家"，这又会带来一系列决策问题。或许，人类生来就需要不断地适应这个变化如此之快的世界。

6.6 撮合司机与出行者"在一起"

2018 年 4 月，赢豫到外地参加一个学术交流活动，晚上 20：00 活动结束，站在马路边，夜色已浓，细风中飘散着小雨，又逢周围道路施工。

赢豫用网约车 APP 叫车，先选择了网约车平台的快车服务，系统提示附近暂无车辆可用，再选择网约车平台的专车服务。在第一次提交订单信息后，系统提示附近暂无车辆可使用；在第二次提交订单后，系统提示"附近车辆较少，加价可吸引更远的司机来接单"，加价倍率为 0.2。赢豫选择了"愿意给司机加价"，随后就接收到网约车平台发送过来的接单司机的信息。

待赢豫回到酒店，洗漱完毕，查看手机时，发现网约车平台提醒"本次行程路线和预估相差较大，您是否遭遇绕路？"赢豫知道是周围道路施工所导致的绕路，属于路线正常，因此选择了"路线正常，去支付"的选项。

禁止司机对出行者"挑肥拣瘦"的策略能行之有效吗？

出行者为何总难开心地出行？

平台如何匹配供需，缓解司机和出行者的不快？

过去，出行者是如何叫车呢？风雨中，在路边大喊"出租车！出租车！"，或是看着载客的出租车一辆辆呼啸而过，或是被出租车司机或直接或间接地拒载。现在，情况大不同，借助网约车平台，出行者呼叫、定位、支付只需要点击几下打车软件就好。

供应方心态——司机的决策行为[1]

依据收到的不同出行订单信息，司机有不同心态。

● 抢单长途出行者

出行者在打车 APP 上输入出发地与目的地，若网约车平台将此信息全部呈现给司机，司机获悉周围出行者的打车起止地，考虑到每次服务长途出行者所获较多，司机必会抢单长途出行者，而那些短途出行者有可能打不上车。

● 故意绕道

出行者在打车 APP 上输入出发地与目的地，若网约车平台仅将出行者的出发地信息呈现给司机，司机由此知道附近潜在出行者的打车

---

1 关于司机决策行为的更多讨论见"6.5 网约车系统丛林生态"。

需求，但不知道其出行距离，也就无法对出行者"挑肥拣瘦"。若司机没得选，接到出行距离短的单子，会引发什么问题呢？

首先，司机的体验会很不好，网约车平台是连接乘客和司机的双边平台，需要顾及两方面人的体验和感受，司机和乘客的不对称信息可能引起司机的不满，从而减少网约车平台的司机数量。其次，出行者的出行距离越近，司机越有可能绕道[1]。这是因为，司机对每一单有一个最小预期收入，当出行距离过短时，若不绕道，无法达到自己的预期收益。其实，对于多数智能手机在手的出行者而言，岂不知司机可能绕道？只是在人"屋檐"下，又出门在外，只求旅途平安。虽然短时间内司机的这种行为不会立刻给自己带来负影响，长此以往，却会影响网约车服务平台的商誉。

● 策略性地制造供应短缺

若司机频繁地收到打车需求信息，司机是否会策略性地制造供应短缺境况呢？对出行者而言，若打车不是很急迫，网约车的需求量比较大、价格比较高时，出行者可能会等几分钟再打车。司机也有类似的策略性行为，优步在定价时会根据实时的供需进行定价，司机内部有一个在线交流群，当定价较低时，司机会在交流群中沟通，同时退出优步，由此，优步平台上会显示供给端的供给量下降，从而触动系统定价机制调节价格；过几分钟，司机重新登录系统，这时候，出行需求量较多，价格也高，司机的收入会增加（Chen 和 Hu，2017）。

---

[1] 杨海教授与滴滴出行合作，根据滴滴司机的行车数据发现，出行者的出发地与到达地两点之间的距离越短，司机的行车轨迹曲线越弯。

需求方心态——出行者的决策行为

若网约车平台让出行者自行加价，出价高的出行者将优先获得打车服务。

● 赢者诅咒

出行者出价由低开始，此后出价一个比一个要高，直到没有更高的出价为止，出价最高者即最后报价的出行者将以所出价格获得打车服务。这种方式类似于英式拍卖[1]。

由于出价可由低到高变动，出行者往往不愿马上按照其真实支付意愿出价，但有时也会被左等右等却等不来车的焦虑情绪所驱使，出价超出其真实支付意愿，这种心理现象被称为赢者诅咒[2]。赢者诅咒导致出行者使用网约车服务的体验变差，会令出行者心生不快。

1　传统的拍卖方式有四种：英式拍卖、荷兰式拍卖、第一价格密封拍卖和第二价格密封拍卖。荷兰式拍卖是英式拍卖的逆行，成交速度快，它先由拍卖人给出一个潜在的最高价，然后价格不断下降，直到有人接受价格。如果拍卖的是同类多件物品，竞买人一般会随着价格的下降而增多，拍卖过程一直进行到拍卖品的供应量与总需求量相等为止。该方式的缺点是拍卖速度太快，而且需要所有竞买人在某一时间竞买。第一价格密封拍卖同样是出价最高的竞买人中标，但如果拍卖的是多件相同物品，出价低于前一个的竞买人购得剩余的拍卖品。第一价格密封拍卖方式与英式拍卖的不同在于，每个买家只能出一次价，买家无法得知其他竞买人的报价，也无法相应地调整自己的报价。第二价格密封拍卖与第一价格密封拍卖基本相同，区别在于胜出者需要支付的价格是第二高的报价，而不是他自己的报价。上述四种传统拍卖方式，虽拍卖过程都有所差异但等价。这是因为，在符合独立私有估价、竞买人对称并且风险中性等条件下，四种方式无论竞拍者还是拍卖者的期望价格都是相同的，获胜者的期望收益也一样，这被称为收益等价定理。收益等价定理并不意味着在四种拍卖规则下的每一次拍卖都必然会给拍卖人带来相同的收益，而是指每一次拍卖的预期收益相等。

2　关于赢者诅咒的更多讨论可参阅泰勒（2013）。

● **不公平感受**[1]

若网约车平台依据出行者的出行距离、历史出行行为，给出行者提供报价，很有可能两位出行者在同一个网约车平台上，输入相同的出发地和目的地，网约车平台显示的价格会相差甚远。这是何故？出行者通过手机软件进行叫车，每次叫车的记录都会被网约车平台所获得，因此网约车平台很容易利用出行者之前的出行数据，区分不同消费者的支付意愿，差异化定价，获取更多收益。

不同操作系统的手机叫车价格有别。手机的操作系统分为安卓系统和 IOS 系统，出行者利用不同的手机叫车，即使相同的出发地、目的地，所显示的价格也会不同。对出行者而言，自己的信息被网约车平台所获得，存在隐私泄露的可能性；并且由于个人支付意愿不同而要支付不同的价格，有失公平，颇令人不快。

在匹配司机的供应与出行者的需求之时，网约车平台如何撮合每一次的司机供应和出行者需求呢？本质在于网约车所拥有的算法，只需要几位算法相关的工作人员，就能管理数千万的网约车司机和出行者的信息。

平台的策略——动态调价调整供需

动态调价对供应的影响，表现为供给价格弹性。供给价格弹性是，价格的相对变化与所引起的供给量的相对变化之间的比率。

供给价格弹性系数是正还是负呢？有两个观点。观点一是新古典主义经济学，认为人是理性的，供给价格弹性为正，工资越高，司机

---

1 关于消费者公平感的更多讨论见"1.5 消费的仁心"。

的工作意愿越强。观点二是行为经济学，考虑到参照点、目标设定等因素，会出现供给价格弹性为负的情况，即工资越高，司机的工作意愿越弱。

● 动态调价可能增加网约车供应量

2012 年初，美国的优步发现，在波士顿，每到周五和周六凌晨 1 点左右，会出现大量的"未满足需求"。导致这种现象的原因是在这个时段，大部分司机登出优步系统，准备收工回家，而恰恰此时在聚会上嗨完的人准备回家，这造成了瞬间供需不平衡——出行者在最需要用车的时候却叫不到车。

优步采用动态调价策略，鼓励网约车司机提高供应量。当出行者数量多于司机数量时，优步调高打车费率，让那些愿意多付钱的人能打到车，同时也鼓励更多司机返回道路工作。根据周边乘车需求和司机数量，峰时价格可能持续几分钟，等到需求没有那么强的时候，价格又会下降。优步发现，峰时定价使出租车的供应量增加，或者说，司机供应量的价格弹性非常大，调高市场价格，在周末的午夜司机更有动力守候在马路边。

● 动态调价可能降低网约车供应量

人们喜欢自己给自己定指标，比如说每天的目标是赚 500 元，这是把大目标分解成每天的小目标。问题是司机拉多少客不是自己说了算，而归天气管。

按理说，在天气恶劣的时间，司机赚钱效率高，相应的，闲暇成本就高，更适合用来赚钱；相反，在风和日丽的时间，司机赚钱效率低，闲暇成本相应也低，更适合休息。或者说，作为理性的司机，应该在天气恶劣时多干几个小时，在风和日丽时就给自己放个小假，既解决了赚钱问题，又让市场恢复供需平衡。

然而，司机并非总能理性。司机会对每日收入设定一个小目标，若达到目标，就收工 [1]。若网约车平台采用峰时定价，采用小目标的司机更有可能及早收工，因为单位时间内的收入高了，能比不采用峰时定价时更快地达到当日的预期收入目标。这么说来，峰时定价方式可能会降低市场上的司机供应量（泰勒，2013）。

- 动态调价不影响需求量

动态调价会令付了高价的出行者感觉受到不公平对待。出行活动中的峰时定价模式，类似于产品售卖中的峰时定价。相似之处在于，出行服务或产品的提供者可根据市场上供需匹配情况，借助价格影响供需动态平衡。不同之处在于，对于多数产品的需求，出行者可策略性等待，而出行需求，多是要去上班、出差、回家，多数出行者无法灵活调整出行时间，只得束手就擒，接受高峰时段的高价出行服务，用大数据支撑的峰时定价体系筛选出来的可能只是经济宽裕的人，而不是真正急需用车的人。这么想来，出行者的需求价格弹性较小，动态调价策略调整出行需求量的作用很小。

动态调价可能降低出行者忠诚度。当滴滴、美团两方的运营优势差别不大时，若只有滴滴采用峰时定价，出行者叫车时，被滴滴要了高价，可能就会转向美团；若近期有多次类似经历，出行者可能会对美团有偏好，以后也会优先考虑使用美团。若滴滴与美团均采用动态调价，出行者在峰时被要了高价，虽说只能束手就擒，却会有诸多不快。

笔者为何举例滴滴和美团两家企业作为彼此的竞争对手进行分析

1 关于出租车司机供给行为的讨论，可参阅 Vincent 和 Meng（2011），及 Farber（2008）；其中，这两篇研究工作均是以纽约市出租车司机的行车数据为研究对象。

呢？因为，笔者身处南京，美团进入出行服务的第一站就是在南京，感受到滴滴和美团胶着的价格战和补贴战。那么，以做团购服务起家的美团，为何选择在南京试水出行服务呢？南京是一座规模适中的城市，比较适合企业做商业模式的试水。

● 缓解动态调价中出行者的不快

一是发挥峰底状态中的运力价值。一方面，网约车平台可对在峰底时使用汽车的出行者发放优惠券，让出行者在峰底状态中使用，从而刺激市场需求。

二是采用排队系统而非峰时定价系统。2018 年 7 月，滴滴出行对快车业务不再实施峰时定价策略，而是采用排队系统 [1]，即让出行者在系统中排队等待空车；与此同时，滴滴出行对专车业务继续实施峰时定价策略。

三是可在满足出行者的基本出行服务之时，让司机提供行李搬运、常备雨具、手机充电、车载无线网络等便民措施，提高出行者感受到的总体服务水平 [2]。

1　用户打开滴滴出行 APP，输入地址，使用快车、优享、拼车发单后，就能看到排队信息。不是所有乘客都会耐心等待，可能很快找到替代方案就取消订单了。平台看不到乘客到底做了其他何种选择，可以看到乘客等了多长时间取消了订单，等了多久获得配车（第一阶段），被派车后（第二阶段）是否取消订单。研究者分析这些数据，比如，订单是从居民区发出的还是工业园发出的，是工作日订单还是周末订单等，发现什么情况下乘客更有可能取消订单，然后利用界面设计和信息引导，改善乘客的排队体验。结果显示，为降低第一阶段取消率，应改进 APP 展示的"预计等待时间"，降低预计与实际等待时间的偏差；为降低第二阶段取消率，就要增加退出时排名移动速度，由此来缓解第一阶段等待时长过长带来的负面影响；为降低总体取消率，就要在工作日补贴司机，鼓励他们在工作日出车，提高运力。

2　关于附加服务是否免费提供，若收费，关于如何定价等相关讨论，可参考 Geng 和 Shulman（2015）。

平台的策略——拼车应对供不应求

● 拼车的供应者与需求者

让多个目的地相近、出发地点相近的出行者拼车，对出行者而言，拼车价格比单独叫车价格低；对司机而言，出行者拼车的总价格也较高。

何人会选择使用拼车服务呢？有两类人，第一类，不购买私家车，出行时选择拼车；第二类，购买私家车，有正式工作，出行时先在拼车平台叫车，如果没有成功再选择私家车。何人选择提供拼车服务呢？也有两类人，第一类，购买私家车，没有正式工作，通过搭载拼车平台推荐的乘客赚取车费；第二类，购买私家车，有正式工作，出行时使用私家车，顺便通过搭载拼车平台推荐的乘客，赚取车费（Benjaafer，Bernhard 和 Courcoubetis，2017）。

美国的拼车文化起源于 20 世纪 70 年代，石油危机让美国汽油价格大幅上涨，为节约用车成本，许多公司给雇员提供集体拼车服务。政府也鼓励人们出行拼车，美国加利福尼亚州的高速公路上都有一条叫"拼车"（Car Pool）的车道，仅供拼车的车辆使用。

不同于因石油危机引发的拼车需求，滴滴出行推出"滴滴拼车"服务，以及优步推出的"永不到站的公交车"的优步 Pool 服务，主要是为缓解拥堵、提高运力，满足出行者的出行需求。优步 Pool 的司机一次搭乘同一方向的两位出行者，中途放下一名出行者后，还可搭乘第三位出行者，每一趟拼车可收到好几单出行者的车费，司机的收入得以提高。

在以优步和滴滴出行为代表的网约车平台证明了拼车服务的商业可行性后，创业者们几乎试遍了所有可能的项目，虽然多数项目昙花一现，但幸存下来那些企业在几年内彻底革新了共享产品所在行业的商业模式。

● 应对拼车造成的弊端

提供拼车服务的司机在接送其他拼友时难免会有绕路，出行者乘车时间变长，对出行者体验有负面影响，降低出行者对司机的评分，影响司机的接单量和收入。

由于拼车存在绕路、浪费时间、拼友不准时等缺点，2015 年 12 月，滴滴出行推出快车拼车；随后，在 2017 年 12 月，升级为虚拟化的站点拼车。站点拼车让乘客走几步到大路上，让司机避免将车开进小路、小区，以实现最小限度地改变接驾路线；并且站点拼车规定了发车时间，超过发车时间，司机可根据实际情况决定是否取消没来的乘客订单，不浪费其他拼车乘客的时间。

峰时定价与拼车服务均是网约车平台调整供给与需求的措施。若出行者对出行服务水平要求高、对价格不敏感，可采用峰时定价措施；若出行者对出行服务的价格敏感，对乘车时间不敏感，对出行服务水平要求不高，可采用拼车服务措施。

截止到 2018 年底，网约车平台无法完全禁止司机对出行者"挑肥拣瘦"，无法总是让乘客开心地出行，也无法总是高效地匹配司机与乘客的需求。不过，只要存在决策改善空间，总会有应对策略，因为对策总比问题多。

参考文献

〔英〕波普尔：《科学发现的逻辑》，查汝强、邱仁宗译，中国美术学院出版社，第 1 版，2008。

陈晓萍、徐淑英、樊景立：《组织与管理研究的实证方法》，北京大学出版社，2008。

胡奇英：《供应链管理与商业模式分析与设计》，清华大学出版社，2016，第 209 页。

霍宝锋：《变"单赢"为"多赢"》，《北大商业评论》2013 年第 2 期，第 114～121 页。

李纾：《决策心理：齐当别之道》，华东师范大学出版社，2016。

李娟：《决策的基因》，科学出版社，2017。

龙应台：《天长地久》，天下出版社，2018。

〔美〕克里斯坦森：《创新者的窘境》，胡建桥译，中信出版社，第 1 版，2014。

〔美〕克里斯坦森：《创新者的解答》，胡建桥译，中信出版社，第 1 版，2014。

〔美〕克里斯坦森：《创新者的基因》，胡建桥译，中信出版社，第 1 版，2014。

〔美〕理查德·塞勒：《"错误"的行为：行为经济学的形成》，王晋译，中信出版社，2018。

〔英〕马修·萨伊德：《黑匣子思维：我们如何更理性地犯错》，孙鹏译，江西人民出版社，第 1 版，2017。

麦克杜飞·约翰、藤本隆宏：《难以撼动的汽车业"恐龙"》，《哈佛商业评论》2018 年第 6 期。

〔美〕理查德·泰勒：《赢者的诅咒——经济生活中的悖论与反常现象》，陈宇峰等译，中国人民大学出版社，第 1 版，2013。

王湘红、王曦：《退货制度影响消费倾向的行为理论和调查》，《经济理论与经济管理》2009 年第 10 期。

肖条军：《行为决策理论建模与分析》，科学出版社，2019。

张彤禾：《打工女孩：从乡村到城市的变动》，上海译文出版社，2013。

〔以〕尤瓦尔·赫拉利：《未来简史》，林俊宏译，中信出版社，第 1 版，2017。

〔美〕尤卡瑞·依瓦塔尼·凯恩：《后帝国时代》，钱峰译，中信出版集团，2018。

Adams，J. S.，"Toward an Understanding of Inequity"，*Journal of Abnormal Psychology* 67（5），1963，pp.422–436.

Allon，G.，Mieghem，J. A. V.，"The Mexico-China Sourcing Game：Teaching Global Dual Sourcing"，*INFORMS Transactions on Education* 10（3），2010a，pp.105–112.

Allon，G.，Mieghem，J. A.V.，"Global Dual Sourcing：Tailored Base-Surge Allocation to Near-and Offshore Production"，*Management Science* 56（1），2010b，pp.110–124.

Arrow，K. J.，Harris，T.，Marschak，J.，"Optimal Inventory Policy"，*Econometrica* 19（3），1951，pp.250–272.

Arya，A.，Mittendorf，B.，"The Bright Side of Supplier

Encroachment", *Management Science* 26（5）, 2007, pp.651-659.

Awad, E. et al. "The Moral Machine Experiment", *Nature* 563, 2018, pp.59-64

Barbara, F. L., Kahneman, D., "Duration Neglect in Retrospective Evaluations of Affective Episodes", *Journal of Personality and Social Psychology* 65（1）, 1993, pp.45-55.

Baron, R. M., Kenny, D. A., "The Moderator-Mediator Variable Distinction in Social Psychological Research: Conceptual, Strategic, and Statistical Considerations", *Journal of Personality and Social Psychology* 51（6）, 1986, pp.1173-1182.

Ban, G-Y, Rudin, C., "The Big Data Newsvendor: Practical Insights from Machine Learning", *Social Science Electronic Publishing*, 2016.

Bass, F M., "A New Product Growth for Model Consumer Durables", *Management Science* 15（5）, 1969, pp.215-227.

Bendoly, E., Wezel, W. V., Bachrach, D. G., *The Handbook of Behavioral Operations Management*（London: Oxford University Press, 2015）.

Benjaafar, S., Bernhard, H., Courcoubetis, C., "Drivers, Riders, and Service Providers: The Impact of the Sharing Economy on Mobility," *Working paper*, University of Minnesota.2017.

Bellos, J., Ferguson, M., Toktay, B., "The Car Sharing Economy: Interaction of Business Model Choice and Product Line Design", *Manufacturing & Service Operations Management* 19（2）, 2017, pp.185-201.

Benjaafar, S., Bernhard, H., Courcoubetis, C., "Drivers,

Riders and Service Providers: The Impact of Sharing Economy on Mobility", *The 12th Workshop on the Economics of Networks, Systems and Computation* (NetEcon), 2017.

Bernoulli, D., "Exposition of a new theory on the measurement of risk", *Econometrica* 22 (1), 1954, pp.23-36.

Beutel, A. L., Minner, S., "Safety Stock Planning under Causal Demand Forecasting", *International Journal of Production Economics* 140 (2), 2012, pp.637-645.

Bolton, G., Ockenfels, A., "ERC-Analysis of the Güth-Van Damme Game", *Journal of Mathematical Psychology* 42 (2-3), 1998, pp.215-226.

Bolton, G.E., Katok, E., "Learning by doing in the newsvendor problem: A laboratory investigation of the role of experience and feedback", *Manufacturing and Service Operations Management* 10 (3), 2008, pp.519-538.

Brown, T. J., Dacin, P. A., "The Company and the Product: Corporate Associations and Consumer Product Responses", *Journal of Marketing* 61 (1), 1997, pp.68-84.

Cachon, G., "Supply Chain Coordination with Contracts", *Handbooks in Operations Research and Management Science: Supply Chain Management* 11 (11), 2003, pp.227-339.

Camerer, C., Lovallo, D., "Overconfidence and Excess Entry: An Experimental Approach", *American Economic Review* 89 (1), 1999, pp.306-318.

Candelon, F., et al.:《平台化组织：组织变革前沿的"前言"》，《商业评论》2016 年第 10 期，第 108 ~ 134 页。

Charness, G., Rabin, M., "Understanding Social Preferences with Simple Tests", *Quarterly Journal of Economics* 117 (3), 2002, pp.817-869.

Chen, Y.M., Farias, V.F., "Robust dynamic pricing with strategic customers", *Mathematics of Operations Research* 43 (4), 2018, pp.1119-1142.

Chen, Z., Rey, P., "Loss-Leading as an Exploitative Practice", *American Economic Review* 102 (7), 2012, pp.3462-3482.

Chen, X., Wang, Z., "Bayesian Dynamic Learning and Pricing with Strategy Customers", Available at SSRN: https://ssrn.com/abstract=2715730 or http://dx.doi.org/10.2139/ssrn.2715730, 2016.

Chen, Y. W., Hu, M., "Pricing and Matching with Forward-Looking Buyers and Sellers", Rotman School of Management Working Paper No. 2859864. Available at SSRN: https://ssrn.com/abstract=2859864 or http://dx.doi.org/10.2139/ssrn.2859864, 2017.

Chen, X. F., Cai, G. S., Song, J. S., "The Cash Flow Advantages of 3PLs as Supply Chain Orchestrators", *Manufacturing & Service Operations Management*, 2018.

Chen, Y. W., et al., "The Efficacy of Static Prices for Revenue Management in the Face of Strategic Customers", *Accepted by Management Science*, 2018.

Chen, Y. W., Wang, H., "Why are Fairness Concerns so Important? Lessons from Pricing a Shared Last-Mile Transportation System", *Under review*, 2018.

Chiang, W. Y. K., Chhajed, D., Hess, J. D., "Direct

Marketing, Indirect Profits: A Strategic Analysis of Dual-Channel Supply-Chain Design", *Management Science* 49 (1), 2003, pp.1– 20.

Clark, A., Scarf, H., "Optimal Policies for a Multi-Echelon Inventory Problem", *Management Science* 6 (4), 1960, pp.475– 490.

Camerer, C., *Behaviour Game Theory: Experiments in Strategic Interaction* (Princeton: Princeton University Press, 2003).

Della, Vigna S., Malmendier, U., "Paying Not to Go to the Gym", *American Economic Review* 96 (3), 2006, pp.694–719.

Donohue, K., Katok, E., Leider, S., *The Handbook of Behavioral Operations* (Hoboken: Wiley, 2018).

D' Aveni, R. A., "Choosing Scope over Focus", *MIT Sloan Management Review* 58 (4), 2017, pp.21–26.

D' Aveni, R. A., *How New Manufacturing Titans Will Transform the World* (Boston: Houghton Mifflin Harcourt, 2018) .

Eppen, G. D., "Effects on Centralization on Expected Costs in a Multi-Location Newsboy Problem", *Managmenet Science* 25 (5), 1979, pp.498–501.

Elmachtoub, A. N., Wei, Y. H., "Retailing with Opaque Products", Available at SSRN: https://ssrn.com/abstract=2659211 or http://dx.doi.org/10.2139/ssrn.2659211, 2015.

Elliot, B., Van, Wezel W., Bachrach, D. G., *The Handbook of Behavioral Operations Management: Social and Psychological Dynamics in Production and Service Settings* (Oxford: Oxford University Press, 2015).

Etzioni, O., Knoblock, C. A., Tuchinda, R., Yates, A., "To Buy or Not to Buy: Mining Airfare Data to Minimize Ticket Purchase Prices", Acm Sigkdd International Conference on Knowledge Discovery & Data Mining, 2003.

Edwards, W., "The theory of decision making", *Psychological Bulletin* 41, 1954, pp.380-417.

Edwards, W., "The prediction of decisions among bets", *Journal of Experimental Psychology* 51, 1955, pp.201-14.

Fainmesser, I. P., Galeotti, A., "Pricing Network Effects", *The Review of Economic Studies* 83（1）, 2016, pp.165–198.

Farber, H. S., "Reference-Dependent Preferences and Labor Supply: The Case of New York City Taxi Drivers", *American Economic Review* 98（2）, 2008, pp.1069–1082.

Fay, S., Xie, J., "Probabilistic Goods: A Creative Way of Selling Products and Services", *Marketing Science* 27（4）, 2008, pp.674-690.

Fehr, E., Schmidt, K. M., "A Theory of Fairness, Competition and Cooperation", *Quarterly Journal of Economics* 114（3）, 1999, pp.817–868.

Feng, Y. B., Hu, M., "Blockbuster or Niche? Competitive Strategy under Network Effects", NET Institute Working Paper No. 17–13; Rotman School of Management Working Paper No. 3049370. Available at SSRN: https://ssrn.com/abstract=3049370 or http://dx.doi.org/10.2139/ssrn.3049370, 2017.

Ferreira, K., Goh, J., "Assortment Rotation and the Value of Concealment", Available at SSRN: https://ssrn.com/

abstract=2861521 or http://dx.doi.org/10.2139/ssrn.2861521, 2016.

Fisher, M. L., Gallino, S., Li, J., "Competition-Base Dynamic Pricing in Online Retailing: A Methodology Validated with Field Experiments", *Management Science* 64 (6), 2018, pp.2496–2514.

Forsythe, R., Horowitz, J. L., Savin, N. E., et al., "Fairness in Simple Bargaining Experiments", *Games and Economic Behavior* 6 (3), 1994, pp.347–369.

Frederick, S., "Cognitive Reflection and Decision Making", *Journal of Economic Perspectives* 19 (4), 2005, pp.25–42.

Gallet, C. A., List, J. A., "Elasticities of Beer Demand Revisited", *Economics Letters*, 61 (1), 1998, pp.67–71.

Gallego, G., Moon, I., "The Distribution Free Newsboy Problem: Review and Extensions", *Journal of the Operational Research Society* 44 (8), 1993, pp.825–834.

Gallego, G., Phillips, R., "Revenue Management of Flexible Products", Manufacturing & Service Operations Management 6 (4), 2004, pp.321–337.

Ge, Z. H., Hu, Q. Y., Xia, Y. S., "Firms' R&D Cooperation Behavior in a Supply Chain", *Production and Operations Management* 23 (4), 2014, pp.599–609.

Geng, X. J., Shulman, J. D., "How Costs and Heterogeneous Consumer Price Sensitivity Interact with Add-On Pricing", Production & Operations Management 24 (12), 2015, pp.1870–1882.

Gigerenzer, G., Goldstein, D. G., "Reasoning the Fast and

Frugal Way: Models of Bounded Rationality", *Psychological Review* 103（4）, 1996, pp.650–669.

Goldstein, D. G., Gigerenzer, G., "The Recognition Heuristic: How Ignorance Makes us Smart", G. Gigerenzer, P. M.Todd & the ABC Research Group, 1999, pp.37–58.

Greenwood, B. N., Wattal, S., "Show Me the Way to Go Home: An Empirical Investigation of Ride-Sharing and Alcohol Related Motor Behicle Fatalities", *MIS Quarterly* 41（1）, 2017, pp.163–187.

Harris, F. W., "How Many Parts to Make at Once Factory", *The Magazine of Management*, 10（2）, 1913, pp.135–136.

Hassin, R., *To Queue or Not to Queue: Equilibrium Behavior in Queueing Systems*（New York: Springer, 2003）.

Hekimoğlu, M. H., Kazaz, B., Webster, S., "Wine Analytics: Fine Wine Pricing and Selection under Weather and Market Uncertainty", Manufacturing & Service Operations Management 19（2）, 2017, pp.202–215.

Hendricks, K. B., Singhal, V. R., "The Effect of Supply Chain Glitches on Shareholder Wealth", *Journal of Operations Management* 21（5）, 2003, pp.501–522.

Hsee, C. K., Zhang, J., Cai, C. F., Zhang, S., "Overearning", *Psychological Science* 24（6）, 2013, pp.852–859.

Hossain, T., List, J. A., "The Behavioralist Visits the Factory: Increasing Productivity Using Simple Framing Manipulations", *Management Science* 58（12）, 2012, pp.2151–2167.

Hu, Z.Y., Chen, X., Hu, P., "Dynamic Pricing with Gain-

Seeking Reference Price Effects", *Operations Research* 64(1), 2016, pp.150-157.

Hu, Z. Y., Nasiry, J., "Are Markets with Loss-Averse Consumers More Sensitive to Losses", *Management Science* 64 (3), 2018, pp.1384–1395.

Huyghe, E., Verstraeten, J., Geuens, M., Kerckhove, A. V., "Clicks as a Healthy Alternative to Bricks: How Online Grocery Shopping Reduces Vice Purchases", *Journal of Marketing Research* 54 (1), 2015, pp.61–74.

Jordan, W. C., Graves, S. C., "Principles on the Benefits of Manufacturing Process Flexibility", *Management Science* 41 (4), 1995, pp.577–594.

Jung, M. H., Nelson, L. D., Gneezy, U., et al., "Signaling Virtue: Charitable Behavior under Consumer Elective Pricing", *Marketing Science* 36 (2), 2017, pp.161–323.

Kahneman, D., Tversky, A., "Prospect Theory: An Analysis of Decision under Risk", *Econometrica* 47 (2), 1979, pp.263–292.

Kahneman, D., Knetsch, J. L., Thaler, R., "Fairness as a Constraint on Profit Seeking: Entitlements-In-The-Market", *American Economic Review* 76 (4), 1986, pp.728–741.

Kahneman, D., Knetsch, J. L., Thaler, R. H., "Experimental Tests of the Endowment Effect and the Coase Theorem", *Journal of Political Economy* 98 (6), 1990, pp.1325–1348.

Kahneman, D., Frederick, S., "Representativeness Revisited: Attribute Substitution in Intuitive Judgment", *Heuristics and Biases: The Psychology of Intuitive Judgment*, eds. Gilovich, T., Griffin, D.,

Kahneman, D., (New York: Cambridge University Press, 2002).

Köszegi, B., Rabin, M., "A Model of Reference-Dependent Preferences", *Quarterly Journal of Economics* 121 (4), 2006, pp.1133-1165.

Lakshminaryanan, V., Chen, K., Santos, L. R., "Endowment Effect in Capuchin Monkeys", *Philosophical Transactions of The Royal Socity* 363, 2008, pp.3837-3844.

Lai, R., *Operations Forensics* (Boston: Massachusetts Insitute of Technology, 2013).

Lariviere, M. A., Porteus, E. L., "Selling to the Newsvendor: An Analysis of Price-Only Contracts", Manufacturing & Service Operations Management, 3 (4), 2001, pp.293-305.

Levi, R., Roundy, R., Shmoys, D. B., "Provably Near-Optimal Sampling-Based Policies for Stochastic Inventory Control Models", *Mathematical Methods of Operations Research* 32 (4), 2007, pp.821-839.

Levi, R., P'al M., Roundy R., Shmoys, D. B., "Approximation Algorithms for Stochastic Inventory Control Models", *Mathematics of Operations Research* 32 (2), 2007, pp.284-302.

Levi, R., Perakis, G., Uichanco, J., "The Data-Driven Newsvendor Problem: New Bounds and Insights", *Operations Research* 63 (6), 2015, pp.1294-1306.

Lewis, M., *The Undoing Project* (New York: Penguin Random House, 2017).

Nip, K.M., Wang, Z.B., Wang Z.Z., "Assortment optimization under a single transition model", SSRN, 2017.https://papers.ssrn.com/

sol3/papers.cfm?abstract_id=2916110.

Midler, P., *Poorly Made in China: An Insider's Account of the China Production Game* (Boston: Wiley, 2011).

Miller, L. G., Christakis, N. A., "Tapping the Power of Social Networks", Harvard Business Review, 2011. https://hbr.org/2011/09/tapping-the-power-of-social-networks.

Muth, J. F., "Rational Expectations and the Theory of Price Movements", *Econometrica* 29 (3), 1961, pp.315–335.

Niu B Z, Li J W, Zhang J, Cheng H K., et al., "Strategic analysis of dual sourcing and dual channel with an unreliable alternative supplier", *Production and Operations Management*.2018. Forthcoming.

Petruzzi, N. C., Dada, M., "Pricing and the Newsvenor Problem: A Review with Extensions", *Operations Research* 47 (2), 1999, pp.175–344, pp.183–194.

Porteus, E. L., "Investing in Reduced Setups in the EOQ Model", *Management Science* 31 (8), 1985, pp.998–1010.

Porteus, E.L., "Foundations of stochastic inventory theory", Stanford Business Books, Stanford, 2002.

Rabin, M., "Incorporating Fairness into Game Theory and Economics", *American Economic Review* 83 (5), 1993, pp.1281–1302.

Robinson, L., Chen R., "Scheduling doctors'appointments: Optimal and empirically based heuristic policies", *IIE Transactions* 35 (3), 2003, pp.295–307.

Roundy, R., "98%-Effective Integer-Ratio Lot-Sizing for One-

Warehouse Multi-Retailer Systems", *Management Science*, 31 (11), 1985, pp.1416-1430.

Rudi, N., Drake, D., "Observation Bias: The Impact of Demand Censoring on Newsvendor Level and Adjustment Behavior", *Management Science* 60 (5), 2014, pp.1334-1345.

Salanie, B., *The Economics of Contracts* (Boston: The MIT Press, 2005).

Savage, L. J., *The Foundation of Statistics* (New York: Wiley, 1954).

Scarf, H., "A Min-max Solution of an Inventory Problem", Studies in the Mathematical Theory of Inventory & Production 25(2), 1958, pp.352-352.

Schweitzer, M. E., Cachon, G. P., "Decision Bias in the Newsvendor Problem with a Known Demand Distribution: Experimental Evidence", *Management Science* 46 (3), 2000, pp.404-420.

Shen, Z. J., Su, X. M., "Customer Behavior Modeling in Revenue Management and Auctions: A Review and New Research Opportunities", Production & Operations Management 16 (6), 2007, pp.713-728.

Sheng, Z. H., *Fundamental Theories of Mega Infrastructure Construction Management: Theoretical Considerations from Chinese Practices* (New York: Springer, 2017).

Seife, C., et al., "So Much More to Know", *Science*, 309 (5731), 2005, pp.78-102.

Spengler, J. J., "Vertical Integration and Antitrust Policy",

权
衡
的
艺
术

运
营
管
理
中
的
供
需
匹
配
策
略

Journal of Political Economy 50（4）, 1950, pp.347-352.

Singh, N., Vives, X., "Price and Quanity Competition in a Differentiated Duopoly", *Rand Journal of Economics* 15（4）, 1984, pp.546-554.

Simon, H. A., "A Behavioral Model of Rational Choice", *The Quarterly Journal of Economics* 69（1）, 1955, pp.99-118.

Stangl, T,, Thonemann U W., "Equivalent inventory metrics: A behavioral perspective", *Manufacturing and Service Operations Management* 19（3, 2017, pp.472-488.

Stanovich, K E., West, R. F., "Individual Difference in Reasoning: Implications for the Rationality Debate?", *Behavioral and Brain Sciences* 23, 2000, pp.645-726.

Sterman, J. D., "All Models are Wrong: Reflections on Becoming a Systems Scientist", *System Dynamic Review* 18（4）, 2002, pp.501-531.

Su, X., "Bounded Rationality in Newsvendor Models", Manufacturing & Service Operations Management 10（4）, 2008, pp.566-589.

Shugan, S. M., Moon, J., Shi, Q., Kumar, N. S., "Product Line Bundling: Why Airlines Bundle High-End While Hotels Bundle Low-End", *Marketing Science* 36（1）, 2017, pp.124-139.

Talluri, K., van Ryzin, G.J., "The theory and practice of revenue management", Kluwer, Norwell, Mass, USA, 2004.

Thaler, R. H., "Mental Accounting and Consumer Choice", *Marketing Science* 4（3）, 1985, pp.199-214.

Thaler, R. H., Sunstein, C. R., "Libertarian Paternalism",

American Economic Review 93（2）, 2003, pp.75-179.

Thibaut, J., Walker, L., "A Theory of Procedure", *California Law Review* 66（3）, 1978, pp.541-566.

Tong, J., Feiler, D., Larrick, R., "A Behavioral Remedy for the Censorship Bias", Production & Operations Management 27（4）, 2018, pp.624-643.

Tversky, A., "The Intrasitivity of Preferences", *Psychological Review* 76（1）, 1969, pp.31-48.

Tversky, A., Kahneman, D., "Advances in Prospect Theory: Cumulative Representation of Uncertainty", *Journal of Risk and Uncertainty* 5（4）, 1992, pp.297-323.

Vazifeh, M. M., et al., "Addressing the Minimum Fleet Problem in On-Demangd Urban Mobility", *Nature* 557, 2018, pp.534-538.

Vincent, C. P., Meng, J. J., "New York City Cab Drivers' Labor Supply Revisited: Reference-Dependent Preferences with Rational-Expectations Targets for Hours and Income", *American Economic Review* 101（5）, 2011, pp.1912-1932.

Walters, D. J., Fernbach, P. M., Fox, C. R., Sloman, S. A., "Known Unknowns: A Critical Determinant of Confidence and Calibration", *Management Science* 63（12）, 2016, pp.3531-3997.

Wang, X., Zhang, J. W., "Process Flexibility: A Distribution-Free Bound on the Performance of K-Chain", *Operations Research*, 63（3）, 2015, pp.555-571.

Ward, M. K., Dahl, D. W., "Should the Devil Sell Prada? Retail Rejection Increases Aspiring Consumers' Desire for the

Brand", Journal of Consumer Research 41 (3), 2014, pp.590–609.

Wilson, R. H., "A Scientific Routine for Stock Control", *Harvard Business Review* 13 (1), 1934, pp.116–128.

Winters, P. R., "Forecasting Sales by Exponentially Weighted Moving Averages", *Management Science* 6 (3), 1960, pp.324–342.

Wu, X. L., Zhang, F. Q., "Home or Overseas? An Analysis of Sourcing Strategies Under Competition", *Management Science* 60(5), 2014, pp.1223–1240.

Yelle, L. E., "The Learning Curve: Historical Review and Comprehensive Survey", *Decision Science* 10 (2), 1979, pp.302–328.

Yi, Z. L., et al., "The Impact of Consumer Fairness Seeking on Distribution Channel Selection: Direct Selling vs. Agent Selling", Production & Operations Management 27 (6), 2018, pp.1148–1167.

Yue, J. F., Chen, B. T., Wang, M. C., "Expected Value of Distribution Information for the Newsvendor Problem", *Operations Research* 54 (6), 2006, pp.1128–1136.

Zane, D. M., Irwin, J. R., Reczek, R. W., "Do Less Ethical Consumers Denigrate More Ethical Consumers? The Effect of Willful Ignorance on Judgments of Others", *Journal of Consumer Psychology* 26 (3), 2016, pp.337–349.

Zheng, Q., Pan, X. J., Carrillo, J., "Probabilistic Selling for Vertically Differentiated Products with Salient Thinkers", 2018, Marketing Science, Forthcoming. https://papers.ssrn.com/sol3/papers.cfm?abstract_id=3260315.

Zhu，M.，Bagchi，R.，Hock，S.，"The Mere Deadline Effect：Why More Time Might Sabotage Goal Pursuit，forthcoming，Journal of Consumer Research.2019.

权
衡
的
艺
术

｜

运
营
管
理
中
的
供
需
匹
配
策
略

参
考
文
献

｜

致　谢

书为媒

道阻且长，行则将至。

文章发自肺腑，若无真情实感，索性不动笔。本书始于我为南京大学学生开设的运营管理类专业课程授课提纲，撰写过程中，一边任自己随着周身的一事一物思绪飞扬，一边听取同行的学术报告、阅读学术论文，并在此基础上发展而来。"甚爱必大费"，从 2012 年下笔至今日收笔，历经七度春秋。

在稿件构思和撰写期间，我参加众多学术会议、走访了一些企业，与同行们、朋友们的交流，令对文字语言、权衡决策敏感的我常常竖起耳朵天线，追问同行，什么样的研究背景、什么样的权衡考量。与同行们的随谈，帮我理清权衡决策的思路，潜移默化地影响我写作的思路和内容，也使我的写作过程充满乐趣。

他们是：圣塔克拉拉大学蔡港树教授和李涛副教授，清华大学陈剑教授、赵晓波教授以及朱万山副教授，加拿大达尔豪西大学陈静教授，加利福尼亚大学戴维斯分校陈蓉教授，德克萨斯大学达拉斯分校陈建清教授，特拉华大学陈滨桐教授，辛辛那提大学陈祎炜助理教授，厦门大学陈继光副教授，澳门大学付琦副教授，杭州电子科技大学傅啸博士，华中科技大学胡鹏教授，多伦多大学胡明教授，新加坡国立大学胡震禹副教授，天津大学霍宝峰教授，上海财经大学葛冬冬教授，中国科学技术大学苟清龙副教授、刘林冬副教授、郑权助理教授，伊利诺伊州香槟分校刘云川副教授，中国科学院李纾教授、栾胜华教授和许明星博士后，香港科技大学黎擎教授和齐向彤教授，华南理工大学牛保庄教授，佛罗里达大学潘霞君助理教授，京东集团宋高歌博士，香港中文大学（深圳）石铎助理教授，杜克大学宋京生教授，我的哈尔滨工业大学校友宋培林博士，俄勒冈大学和滴滴出行研究院万智玺副教授，明尼苏达大学王子卓副教授，香港理工大学汪玉兰副教授，暨南大学魏莹副教授，纽约大学肖文强副教授，芝加哥大学辛林威助理教授，美国中田纳西州立大学和上海财经大学岳劲峰教授，德国科隆大学赵英帅助理教授，加拿大劳里埃大学赵萱教授，中国科学院和新加坡国立大学张汉勤教授，上海交通大学朱庆华教授。

我的南京大学的同事们给予了各种形式的支持，他们是丁和根教授、沈厚才教授、肖条军教授、周晶教授和周仁来教授、刘烨副教授和徐红利副教授、陈自强博士和张莲民博士。

在初稿修改期间，上海交通大学骆建文教授和邵晓峰教授给予了宝贵建议。骆建文教授建议我尽量少用学术型术语、多借助通俗易懂的语言表达研究的思想；要做到这一点，需要对所研究的内容有"四两拨千斤"的领悟力，我虽然尽力去做，限于学识，在内容深度方面恐不能达到要求。邵晓峰教授建议我先想好书稿的框架，再去修改每篇文章的内容；要做到这一点，需要对所研究的内容有"登泰山而小天下"的眼界，我虽希望借助各类学术活动开阔视野，但在内容广度和逻辑方面恐不能达到要求。骆建文教授和邵晓峰教授是我攻读博士学位所在系的老师，他们不仅在学业方面给予我支持和建议，还常请我品尝美食，"学术精神建设"和"生活物质文明建设"两手抓。

修读我授课的本科生给予了很多反馈，他们是南京大学 2015 级本科生：柯兴萍、李桐、唐晓璐、笪郁文、孙彦诚、郭梦捷、涂爽、徐江瑶、汤思语、孙辉、陈海林、管泽钦、任德林、倪明明、徐应翠、徐舒杨、魏春阳、李明基和魏楚时（2014 级本科生）；南京大学 2016 级本科生：陈呈、陈桢、程臻、丁一、邓文鑫、付翘楚、符昌岛、胡明辉、胡明亮、罗艳辉、冀婧、马质斌、孟璁、任涛、孙瑜、唐小玉、田钧百、王佳伟、吴昊、向海、闫涛、尹铭、詹金川、张贺然、张伟城、赵飞帆、赵晓和周昱君。

修读我授课的研究生们给予了很多建设性意见，他们是 2017 级研究生：韩文婷、吕雪、张庆、郑旖旎、周卓凡、吴丹和岳云鹏等；2018 级研究生：陈越浪、何伟民、李冰、刘煜昊、柳腾达、陆峰、麻惠敏、王丹丹、杨桂群、张纪康和周芳。

南京大学刘洋硕士研究生作为课程助教，协助校订了其中错误，并增补了很多日常生活的场景，用于解读企业运营管理中的权衡之道。

我的研究生李皓语、郑旖旎、蔡瑾玲、张庆、夏秋妹、赵斐、石玲、芮家琪、陆峰、麻惠敏、何伟民和周芳等协助做了各类学术报告笔记，他们的参与和贡献使我能够不断地提高和更新对文献及相关话题的认识与理解，增强了我对书稿中所涉及理论在实践中使用的信心。

南京大学郑旖旎硕士研究生帮助修订了每篇文章篇头的问题，并通篇校读了行文的逻辑结构。南京大学陆峰硕士研究生帮助修订了参考文献列表。

北京大学殷子涵博士研究生将本书的目录与摘要翻译为英文，加拿大达尔豪斯大学陈静教授、南京大学王艳教授协助润色。

香港城市大学濮阳小娟博士研究生，上海大学白雪丽、范志辉和唐婷婷硕士研究生，暨南大学刘晓玺博士研究生、熊思佳硕士研究生，中国科学技术大学陶智颖博士研究生通篇校读了初稿。

稿件修订阶段与交稿前夕，我曾受付琦副教授之邀，在澳门大学访问，沉浸在静谧和谐、风景如画的校园里，晨钟暮鼓时段，在澳门与珠海的老界河、澳门大学的主干道上跑步，让我有机会静听天籁与人籁，获得诸多灵感和启迪。

俄勒冈大学和滴滴出行研究院万智玺副教授为我提供了滴滴出行公司调研机会，京东集团宋高歌博士为我提供了京东集团调研机会，南京马自达有限责任公司高炳钢先生为我提供了汽车生产行业的调研机会。企业调研的机会让我意识到穷理与务实之间的区别和联系，尽量避免陷入茴香豆的"茴"字有几种写法的思维困境中。

科学出版社朱丽娜和张婷编辑提供了鼓励、写作支持，依据书稿选题，推荐到社会科学文献出版社出版。社会科学文献出版社经济与管理分社恽薇社长与高雁副社长，提供了非常及时的出版建议；编辑冯咏梅和王楠楠老师提供了如何拿捏写作语气、用词等方面的修订建议。

杜克大学宋京生教授追问我关于本书各个篇章之间的逻辑关系，这驱使我绘制了本书的思维导图，以期图像化呈现篇章的逻辑关系。

中国科学技术大学苟清龙副教授指出多处"让读者阅读比较难受"的逻辑推理和表述方式，他的建议让我反思，并做出相应的修改。我希望为读者提供一段愉悦的阅读之旅。

南加利福尼亚大学朱阳副教授常常发问，启发我从生活和运营管理表面现象挖掘背后"真正的问题"。有时，他也会直截了当，道破事情的本质。这样的对话经历令我收益颇丰。

厦门大学陈继光副教授，华中科技大学胡鹏教授，飞利浦中国有限公司方星博士，瑞典林雪平大学唐讴教授，京东集团宋高歌博士，西安交通大学张盛浩副教授，南京大学沈厚才、肖条军和周晶教授校读了全文，从不同视角给出了修订建议。

特别地，加拿大达尔豪斯大学陈静教授、多伦多大学胡明教授、南京大学沈厚才、肖条军和周晶教授对书稿的中英文名称给出了修订建议。

清华大学赵晓波教授建议，学术交流与表达一般要做到：一是客观，二是精确。口头上的表述有时是为了能更好地理解相关内容的逻辑性，具有一定的随意性，若要落实到公开发表的文字上，需慎重处理。这样的提醒，令我意识到自己的学业不精，也督促我对文中的相关表达做出了修订。

复旦大学胡奇英教授问及我如何将有限的精力分配在专业性学术论文和通俗性书稿写作工作中。这促使我思考如何借助通俗性书稿的写作，提高对商业实践的领悟，进而提高专业性学术论文写作中的研究选题质量。胡奇英教授慷慨地贡献出宝贵时间，通篇校读书稿。我在文中引用《道德经》部分篇章，是受益于与胡奇英教授讨论的启发，我得以"无为而无不为"地思考周身的一事一物。

我有幸邀请到心理学领域学术大家——中国科学院李纾教授为本书作序。阅读李纾教授的推荐序言，我才发现，我竟然不知道，关于行为决策研究的漫长历程，竟可以用心动、风动和幡动来比拟。

我也有幸邀请到管理学领域学术大家——清华大学陈剑教授为本书作序。

天下文章多了，是写不完的。我之所以能有今天的微薄成就，离不开父母的悉心养育、耐心教诲与全情支持，让我享受想写就写的自由。在我的成长过程中，有关我的决策，父母总是倾其所有、义无反顾地把提高我的决策能力放在第一位，他们的明智之举使我受益终身。父母的爱，无以回报，我只能做到，坚持对自己的真诚和对生命的热爱。

感谢国家自然科学基金项目（编号：71471086、71271111）慷慨资助。

我既然这么热爱写作，为何收笔时，还会开心呢？因为，写作令人离群索居，收笔可令人重返世间。

李　娟

2018 年 7 月 20 日初稿于南京

2018 年 12 月 30 日修订于荫凉河畔

图书在版编目（CIP）数据

权衡的艺术：运营管理中的供需匹配策略 / 李娟著
. -- 北京 ：社会科学文献出版社，2019.5
ISBN 978 - 7 - 5201 - 4381 - 3

Ⅰ.①权⋯　Ⅱ.①李⋯　Ⅲ.①工业企业管理 - 生产管理 - 研究　Ⅳ.①F406.2

中国版本图书馆 CIP 数据核字（2019）第 036742 号

权衡的艺术
—— 运营管理中的供需匹配策略

著　　者 / 李　娟

出 版 人 / 谢寿光
组稿编辑 / 高　雁
责任编辑 / 王楠楠

出　　版 / 社会科学文献出版社·经济与管理分社（010）59367226
　　　　　　地址：北京市北三环中路甲 29 号院华龙大厦　邮编：100029
　　　　　　网址：www. ssap. com. cn
发　　行 / 市场营销中心（010）59367081　59367083
印　　装 / 三河市尚艺印装有限公司

规　　格 / 开　本：787mm × 1092mm　1/16
　　　　　　印　张：20.25　字　数：255 千字
版　　次 / 2019 年 5 月第 1 版　2019 年 5 月第 1 次印刷
书　　号 / ISBN 978 - 7 - 5201 - 4381 - 3
定　　价 / 89.00 元